JN233346

建築の構成

―――保坂陽一郎作品録

編集＝建築思潮研究所
発行＝建築資料研究社

目次

序　章 ─────────────────────────── 5

第一章　空間の構成 ─────────────── 8
　1 － グリッドプラン
　　　　南柏の家／16　葉山の家／20　雑司ヶ谷の家／22　馬橋の家／23
　2 － 部屋の統合
　　　　甲府の家／24　撥の家／28　和田町の家／29
　3 － 部屋と廊・回廊と庭
　　　　桐友学園／30　アマダ本社＋展示館／34
　4 － 外庭型と内庭型
　　　　中目黒の家／40　三軒茶屋の家／43　須賀川の町家／44

第二章　境界要素の構成 ───────── 46
　1 － 共有壁
　　　　野毛テラスハウス／56　ガーデンハウス湘南／60　Nega Space in Valley／64
　　　　星田アーバンリビング／65
　2 － 内外空間の境界
　　　　湯河原の家／66　佐久の家／70　善光寺の家／73　小川町の家／74
　　　　足利の家／75　湖畔の家／76
　3 － 基盤・壁＋木造
　　　　稲田地域体育館／78　島上寺／80　西袋中学校体育館／85　須賀川の町家／86
　4 － 開口部・建具
　　　　野毛テラスハウス　甲運亭　大韓基督教会東京教会　大野ビル　湯河原の家
　　　　布善ビル　さらしな乃里／88

5－多様な要素の複合
　　　　ウルグ・ベグ文化センター計画案／92
　　6－移行する領域
　　　　大韓基督教会東京教会／94　富士の納骨堂／96

第三章　場所と建築―――――――――――――――――100
　　1－敷地との対応
　　　　大原の家／108　郡家ゴルフ倶楽部クラブハウス／110　表参道の交番／112
　　2－集合住宅群の形成
　　　　鶴牧の集合住宅／114　蓮生寺公園通り一番街〜三番街／120
　　3－地域のなかから
　　　　仁井田中学校／126
　　4－建築群の風景

終　章―――――――――――――――――――――――132

●

作品リスト／134

著作リスト／140

あとがき／142

著者紹介／143

表紙写真：ウルグ・ベグ文化センター計画案　表紙デザイン：平井公子

序章

　人にとって建築の役割とは何であろう。その問いを、私にとって住居の役割は何であっただろう、と言葉をかえてみると、今素直に答えることが出来る。私は十代の数年間を甲府盆地の真中に建てられた伝統的農家で暮らした。いわゆる田の字プラン－整形四つ間取りで、土間と増築された便所＋和室がついていた。住みはじめた時は建てられてからすでに半世紀以上たっており、あまり手を入れてない状態がつづいたせいか、あちこちが傷んでいた。この母屋のとなりに蔵が一棟建っていた。あとは湯殿、外便所が一棟ずつ、敷地はほぼ正方形１段歩（300坪）で北側は水をひきこんで池になっていた。樹木は健在で北に大きな欅と榎、西は防風林をかねて樫が、東北に竹やぶ、そして南の庭は築山になっている。これらは小さいながら一組になってひとつの屋敷を構成していたのである。西北に祀られた屋敷神様を含めて、この敷地と家と樹木がここに住む人をまもってくれる、そのいのちと生活を支えてくれるという直感的認識は、住みはじめてすぐに私の潜在意識となっていた様に思える。それまでの家が東京から甲府へと疎開して来た時の仮住居であっただけに尚更であった。

　しかし日々の生活のなかでこの母屋は私達の暮らしを安々とひきうけてくれなかった。屋根が大分傷んで雨漏りが次第に増していて、雨戸をはじめ建具の立て付けが悪く、年中修理せざるを得ない。すき間風も目貼り（障子紙を建具のすき間に貼る）で防ぎ、ほとんど壁というものがないので台風の時は本当に不安であった。それにひきかえ、叔母夫婦が住んでいる隣のお蔵は風雨に対してビクともせず、戸や窓もしっかり開閉出来、いつも信頼出来るうらやましい存在であった。本来は母屋が人の住居で、蔵はものの収納なのであるが、蔵のなかが中二階になって、今でいうワンルームスタイルであり、極めて暮らしやすくコンパクトにつくり変えられていて、母屋のようにスペースだけはあるが、土間とたたみの間を行き来する不便な生活よりは機能的に思えた。

　壁のない家と壁でできた家のちがいを毎日体験させられたのであるが、一方敷地という土地、そこに生えている樹木、池、それらは一つ一つが私の専有を許されたもので、木の枝ぶりを含めてその成長を知りつくしていた。とくに欅はその中程の枝に板をとりつけお気に入りの見張台にして遊んでいた。庭は当時の状況からかなりの部分が畑として耕され様々な野菜をつくっていたが、日常的な手入れの煩雑さも収穫時の満足さの前には充分耐えられるものであった。ここでの数年間の体験は農家の、人に対する屋敷と家の対応であり、農業こそしていなかったが夫々の空間が人の手さえかければ、きっちりとその生活を支えてくれたのである。整形四つ間取りのプランは家族の人員形態を問わずそれなりに対応してくれる。縁側は局所気候が良くどんな役をもこなした。土間は少し広すぎたし、屋根裏は以前の蚕室で全く使われなかったが、私にとっては遊び場、かくれ場所でもあった。蔵は前述したように修理改造されて住居になった。母屋の骨格は大黒柱をはじめ堂々としていて地震時の不安はまったくなかった。この地にあってこの基本的構成は正しかったということが出来る。それはおそらく２、300年かけてつくり上げられたものであろう。又、少し目を外に転ずればこの家の建つ集落も同じであった。隣地つづきに本家がありそれがこの集落の中心であった。西

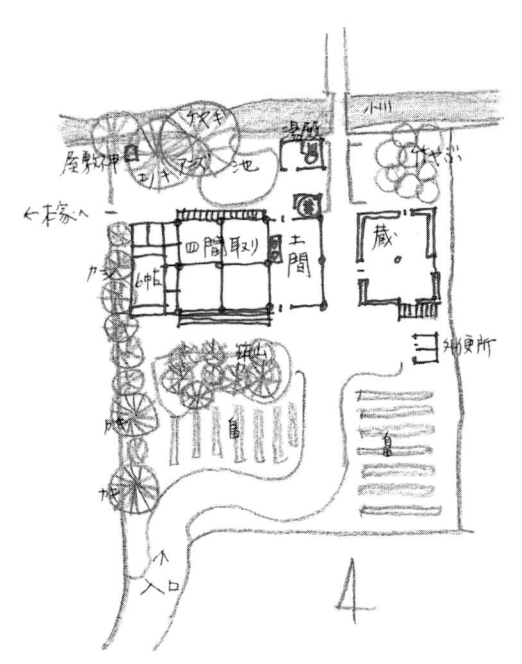

甲府盆地の家

が「かみ」東が「しも」と呼ばれ、水路も西から東へ流れる。「かみ」に2戸本家があり、「しも」に2戸本家がある。この5戸が中心でそのまわりに分家、更にその間に血縁関係でない農家が集まっていた。中央に寺と墓地、北西に鎮守の杜、全体に東西に細長く、西と東に口を開いていた。昭和60年頃までは約100戸位の集落であったが、甲府盆地の中央にバイパス道路と高速道路が出来た頃からあっという間に変質し、この集落は原形をとどめない程解体されてしまった。家も集落もその基本構造を失ってしまったのである。今ここでの暮らしを人はどのように支えているのであろうか。

　いつか自分で納得がいく建築をつくりたいと思ったのは、この様な十代の体験が潜在的にあったのかもしれない、と思うのはかなりあとになってからである。壁のない建築への何となく不安は当時すでに芽生えていて、壁の建築へのあこがれが次第に育っていく。世界への旅の始まりを日本と全く対照的な土地からと思ったのも、壁の建築に触れてみたいと思ったせいであろう。北アフリカ、サハラ北縁の旅はまさにそれを明確に教えてくれた。その後、旅を日本まで長い時間をかけてひきよせていく作業がつづいた。

　ヨーロッパ、そしてその東部からトルコ、イラン、中央アジアへと、中国ウイグルから中国江南へ、更にインドシナ半島を南北に、それは一つ一つ切れ切れながらどこかで糸を結び合って、乾燥地帯の風土から日本の島まで、壁の建築から柱梁の建築へ、内庭のある住居から外庭の住居へと、その気候風土、歴史を背景にそれらを比較する旅は今もつづけられている。国境をこえる時、その両側で住居のすがたが大きく異なることがある。それは何故だろう。気候が全く同じでも双方とも中心から最も隔てられた土地で、それぞれの中心の文化的条件が異なっていればそれもうなづけることである。住居や集落のアイデンティティが語られる時でもある。人も異なり、生活も異なっている国境の両側、そこに長い歴史の亀裂をみる思いがする。境界は又、人が生活する領域を明確にするためにつくられたものである。地形を利用しながらそして人の手で築きながら、境界を構成して来たのである。それは物理的に力による暴力を防禦することから始まるのであろうが、結果的にはアイデンティティを築くことであった。それは逆に言えば境界が失なわれて平準化することは、領域が次第に不明解になり一つのまとまりを失なうことである。甲府盆地の集落はその最も良い例である。旅は建築をつくる作業を補完するものとして、途切れ途切れにつづけられているが、それを重ねるたびに様々な地域で建築としてのまとまりが失われていくのを痛感する。即ちアイデンティティを失っていくものがあまりにも多い。そのような状態を背景に

して建築をつくる時、何から始めていく必要があるのだろうか。先ずその土地をどう読むかということ、その土地に生きている人々の生活を知るということからはじめる必要があるのだろう。

　場所からは様々なものがひき出されて来る。気候、風土は勿論のこと、その土地の来歴、人々の歴史、生産物、技術等全てのことがつくることにつながっている。そのような一つ一つの丁寧な対応が、結果的にそこでつくられる建築にその土地の性格を与えるのである。しかしそれだけではない。もう一つ大切なことはつくる時のイメージとそれが出来上がった時の対応である。まだ見えないものが次第に見えていく時、そのようなつながりが成功するであろうか。とくに今まで試みられたことのない領域に足をふみこむ時、その危険が大きい。創作と名付けられる行為のなかにそれは常に存在する。そしてその失敗を少しでも防ぐものは経験の積み重ねのなかにみられる鋭い視座でしかない。

　建築をつくって来たなかにどれ程確かなものがあるだろうか。建築をとりまく周辺から様々なものを引き出して一つのものにまとめあげる、そのなかには今まで試みたこともないようなものをすべりこませながらつくる作業を行う。そして人はそのなかで生活し建築を変えていく。そのような積み重ねのなかからいくつかの確かなものが芽生えていって欲しいとつくり手は願う。それは次の世代に伝えられてほしいという願いに重ねられる。そのためにここで私のいくつかの作例を整理してみた。そのなかにどの位確かなものが残っているか、それを知るすべはそれを整理する作業のなかにあると考えている。そ

の一つが空間の構成である。これがいくつかの住宅の例のなかで共通解をもち得ればそれは一つのまとまりとなるかもしれない。一つ一つは夫々の条件のなかで当然変形されていくのであるが、そこに通底するものが一つのかたとしてある時代を生き伸びていくことが出来るか、それを検証したいのである。そのような要素としてもう一つあげられるのが境界の構成である。建築が境界をつくるものであるとしたら、そのつながり方、切れ方が問題になる。そこには固有の技術、素材が顔を出してくるのである。更に建築は一つではない。人が群となって生きているように建築も群となっていく。群としてのまとまりをこれからももち得るであろうか。それは建築をつくる作業が一人の作業ではないことを明確に物語っている。人が結び合ってつくっていくことが基本であるが、今後どこまで可能であるのか。どこまで言葉をかわしながら共同の仕事が出来るか、つくることにたずさわる一人一人に問いかけられていることであり、その結果風景が生きるか死ぬか決まるのである。

第一章　空間の構成

　建築の構成の最も基本的なテーマは空間の構成にあると考えることが出来る。建築というものが人の手によってはじめてつくられた時より、人はそれを問題にして来た。建築という一つの全体があり、それがあるまとまりをもつということがその認識の第一歩である。ある中心があってそれが求心的な力をもち、そのまわりにいくつもの部分を従えて全体を形成するという構成は一つの古典的なかたちとして明確に存在しており、すぐれた多くの建築がそのような構成原理でつくられて来た。ここではそのような空間構成の一般論を展開するのではないが、今まで具体的に設計してきた建築を例証として、そのなかから特徴的なものをいくつかとりあげ、それに夫々タイトルを与えてくくっている。その例はまず住居からはじめるのが本来であると考えた。

1―グリッドプラン

　日本の住居の歴史をひもといてみても、大地から屋根頂部まで木材を何本か建てそれをたばねてそこに屋根をふいたのは草創からのものであった。いわゆるマロヤなどともよばれる円錐状の建物である。この時には柱と屋根は未分化である。柱が建ちそれに屋根を架けるためには柱と屋根の間をどう接続するかという大問題をのりこえなければならない。そこに至るまでいくつかの経緯があり時間がかかっている。又平面からみるとはじめは円形で出発している。場合によってはそれが次第に楕円形になっていくのであるが、方形になるためには又大きな飛躍が必要であった。それまで上部からの荷重は柱に連続的に均等になるようにかけれていたが、方形になると角が出現しそこに応力が集中する。角を強化するための工夫がどうしてもここで必要になって来るのである。しかし円形より方形の方が内部空間の分割には都合よく、住居として複雑に展開していくことの出来るかたちであった。このようにして方形の平面に柱が建てられ、それに梁がかけられて小屋組がのせられるという家のかたちが出来るのは、発生からみて長い時間がかかっていると考えられる。しかし私達は住居の空間を考える時にそこから出発しようとする。そのような思考の基底にはユークリッド幾何学がしのびこんでいるのかもしれない。その方が大きく拡がって展開するためには有利であると考えられるからであろう。そしてそのような構成原理のなかに日本の住居の歴史をしのびこませてしまうことによって、汎世界的なものと風土性とを一体化しようとするねらいがあるということは出来まいか。縦横に柱列をそろえ、梁をわたすことによってつくられる架構は連続する直方体空間を創出する。プランの上からいえばグリッドプランということになる。そしてこのなかに伝統的な日本の民家の平面型の展開のパターンをくみこんでいくのである。即ち二間分割から三間分割そして四つに分割していくいわゆる四つ間取りとなる。日本の民家の典型的なプランをここにこのようにして住居の原型として浮び上がらせることが出来るのである。これを平面的な出発の原点とすることは、20世紀の日本に生まれた建築家にとって極めて納得し易いことであった。このような骨格のなかに人の生活をおさめていく時に様々な考え方があるだろうが、一つにはグリッドに限定された「間」に人の行為を対応させる、あるいは行為に触発された想念を対応させるという考え方がある。

南柏の家

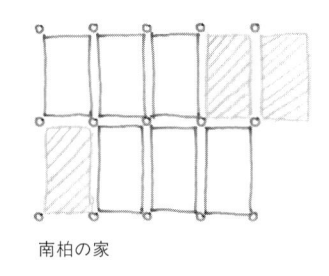

　この「間」は勿論空間を意味するがそれは四つの柱によって隅を限定した物理的限界をもつものであり、高さも鴨居などによって定められている。この「間」は全体の構成のなかではその位置によって序列が定まり、ざしきであるかでいであるかが区別される。そして人の行為がそれによって異なっていくのである。同じ量の空間であってもそのようにして位置づけられるということは、相互変換することが不可能であるということである。このような「間」と類似した様相をもちながら質的に異なるのが「単位空間」という言葉であろう。これは物理的限定の方から言えばある一定の大きさをもつことであり、それを前提として全体が構成されるということである。そこでは単位としての量、及びそれが集積された時の量が問題になるであろう。その内部での相互変換が可能であって、それによって全体の枠組が変わらないという特徴をもっているのである。一方人の行為から言えば「単位空間」は様々な行為に対応し得るということに於いて単位になるという性質をもつことになる。

　この二つのものは或る意味で全く異なった世界から生まれて来たものである。「間」が常に場所の支配を受けていることは、ものの均質性を認めないことであり、一本の柱・礎が夫々異なっているところから出発している。一方「単位空間」を成立させているものは均質的素材であり共通のジョイントなどである。ここで具体的な設計例に話を移してみよう。「南柏の家」はグリッドプランから出発している。そこには2,100×3,600というグリッドがあり、それによってつくられた空間が集まって一つの家が構成されている。これは今までの展開から言えば単位空間であろう。更に出発当初からその空間に人の行為を夫々対応しようという意図がある。その対応は或る程度位置によって支配されているが、全て交換不可能ということではない。とくに20年にわたる変遷をみてみると単位という性質をその過程のなかで充分果しているといえる。しかし一方ではその位置を動かさない柱があり、それをはさむ合せ梁があって、それが更に20年の歳月の間、上下左右に延びているのである。又ヴォールト状の屋根は当初と同じように架けられその役割を変えていない。このような状態をみていくと、この家はユークリッド幾何学による均質的な単位空間の組合せの結果つくられたものとだけは考えられない。では日本の伝統的な民家の「間」の展開がここに重なるかと言えば、形態的印象としては躊躇せざるを得ないものがある。いずれ後で触れることになろうがその原因は全体を形成するものの欠如であろう。このなかで何か一つのものが顕著に優越していくとか、端部が一つの境界としてのはたらきをするとか、という変化によって全体として一つのまとまった印象を与えることが出来るかもしれない。しかし現実にはこの家は無限にその単位空間を増殖しうるし又減ずることも出来ると認識されるのである。このような状況を克服することが私にとって進むべき方向であったことは今こうして整理してみると見えて来る。

　このような考え方は様々な方向への転換を示唆してくれるが、その一つが民家の原形的な間取りとしての整形四つ間取りである。これをベースとして現代の都市住居にあてはめてみると、これを二層に積み重ねた立体格子がイメージされる。これが中心を形成する空間構成をつくり、バシュラールの言に従

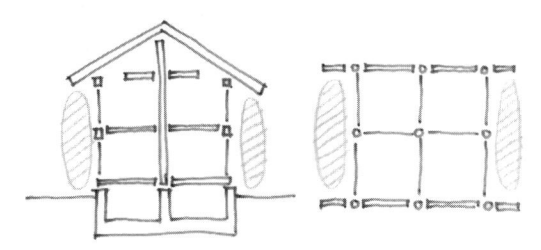

重層四つ間取り

えば垂直方向の世界像をとりこんで地下（床下）と屋根裏へと空間が拡大し、ここに「重層四つ間取り」という空間構成が出現する。立体的になった四つ間取りの家は大きく八つの空間に分割されている。このうち二つを垂直方向の動線（階段室）にあてると、残った六つの空間が相互に関連しあって家を構成することになる。下部（地下室）と上部（ロフト）はプラスアルファの空間でこれだけあれば相当自由な住み方に対応することができる。比較的接近した設計期間のなかでつくられた三つの実例「葉山の家」「雑司ヶ谷の家」「馬橋の家」がそのヴァリエーションを示している。基本的には三つとも重層四つ間取りということでくくれるけれど、夫々敷地の状況を異にしており、又住み手も異なる。そのちがいが夫々の住居のちがいになってあらわれて来る。又これらの家は比較的高密度な都市のなかによくあてはまる。都市内の住居の敷地は、一般的に間口が狭く奥行きのあるものが増えて来ている。そのような場合に、この重層四つ間取りの平面を挿入すると前庭と後庭をとる余裕が生まれる。これは、現代の町家の一典型となりうる。前庭と後庭をもち日照を確保しつつ100％近い容積率を満たすことができる。

現代の日本の都市内部である程度密度の高い戸建住宅のプランを横断的に眺めていると、このような8個の直方体を保証する骨格が長い時間耐えうるようにつくられ、それに階段とか水まわりなどの附加物がついていくと、日本人の暮らしの大部分を包含していくことができるような気がしてくる。[*1]更にそれが縦横に組み合わさって集合体として住居群を構成していくことも可能であろう。

2 — 部屋の統合

今まで「間」とか単位空間という言葉をつかって来たが、この空間を限定するもの自体を強く意識していくと、又異なったものが見えてくるであろう。「間」という時は前述したようにそれを限定する柱が先ずあって、そこに様々な境界要素が建てこまれる。単位空間はイマジナリーな面で囲まれているといって良いから、限定している面の質は問われない。空間が均質であればそれで良いのである。しかしここで「部屋」という時、それを限定している壁そして床と天井は極めて固定的なものである。他のものをもって代えがたいと考えられるものであろう。勿論人によって領有される空間であるから、それが物理的にもおかされることは非常事態である。当然厚い壁が考えられるであろう。このような発想の原点には組積造という架構の方法があろう。ヴォールトであれ、ドームであれ、民家でつかわれる架構の大きさには限界があり、壁で囲まれた空間が一定以上大きくなることはなかった。そのようなものがもし「部屋」であるとすれば、それが集まって人の集団の住居が形成されるのは当然であろう。そういう意味で部屋は一つの住居である。もしそれが家族ということになれば、一戸の住居が出来上がっていくとも見ることが出来る。それはある一つの住居が空間分化してそのなかに一つの部屋が生まれたとみる構成とは全く異なった質の部屋なのである。

人の住居の発展の過程のなかでこの二つの流れは大きく隔たっている。しかしそれは現代の住居のなかに不可分のかたちで流れこんでいる。家族とその成員一人一人という関係を考えていく時、物理的にはこの二つのものから派生する流れは異質である。

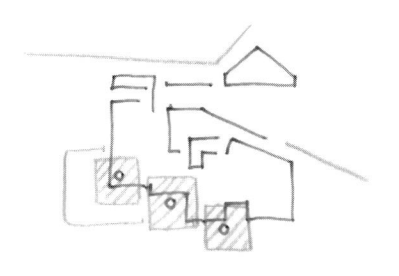

甲府の家 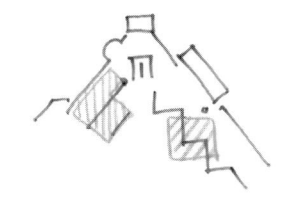　　　　　　　　　　　撥の家 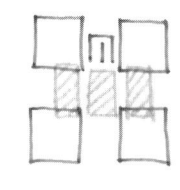　　　　　　　　　　　和田町の家

単純な住居の型の対応で言えば、一方は分棟型であり、一方は一つの屋根のもとにグリッドプランが展開していく型であろう。しかし現代の住居のなかではこのように単純にはわかれてくれない。家族の成員一人一人の生活が先ずあってそれが相互に交わり合うわけでもない。個人個人の間、全体と個人の間は曖昧で多様な関係を結び合っている。又それも時間によって変化する。もしそのようなかかわりを物理的なものにおきかえようとしたらどうなるかというテーマを展開していったのが、「甲府の家」「撥の家」「和田町の家」などである。そこでは部屋という明確な境界をもった空間から出発して、それが集合していく過程に生まれる曖昧な空間を、人間関係の複雑な相をうけとめる場として提供するかたちをとっている。居間などの家族全体がつかう場は最も不明確な境界をもつ空間となっていくのである。

更にこのような部屋がその曖昧な領域を含みつつ住居全体を形成することは、部屋の統合という問題に次元をあげていくことである。部屋の群化がどのような契機でつくられていくかがここでは大切なことである。設計例としてあげられた三つの例はともにその地形が群化の基盤を形成しているのである。「甲府の家」では甲府の街が一望のもとに見渡せる景色の良いのぼりつめた敷地で、やや南東の方角に主たる眺望があり富士山が望まれる。それに向う雁行した三つの部屋（box）が構成のきっかけであった。「撥の家」は三角形の敷地にそのきっかけがあり、アプローチはその三角形の一辺から導入されている。又「和田町の家」はやや南下りの方形の敷地両側に街路が沿うというなかから群化が形成されたといえる。

更にこれが統合されるための条件が夫々のなかで少しずつ異なってあらわされている。「甲府の家」では三つのboxが主要な形態をつくっているがそれは他の平屋部分に対して全体をあらわす屋根のようなはたらきをするのである。この三つのboxから平屋の部分に対しては一定の勾配で片流れの屋根がかけられているのがそれをあらわしている。「和田町の家」ではやはり三つのboxが他の平屋部分から優越していて屋根のはたらきをしているが、その三つに共通しているのは天井がヴォールト状になった形態であり、それが一つのまとまりをあらわしている。「撥の家」では文字通り三角形の敷地から生みだされた三角形の屋根即ち撥がこの統合を果しているのである。

全体として整理してみると群化のきっかけは敷地即ち場所の認識にあって、それが一つのまとまりを得るために群を誘導するものを創出する必要があるということである。これらはいずれにしても個々の住居であるが、それらが又群化する時には同じような過程がより多様なかたちで必要になって来るにちがいない。

ここで共通して言えることは部屋の統合の基本的原則は全体をまとめるための方法として、何等かのおおうもの、又は繰返されるものが必要であるということである。そしてそれはその土地、地形のなかから一つ一つ異なって形成されるものである。

3－部屋と廊・回廊と庭

ここでは社会に生きる様々な人々の様々な活動を対象にした建築の構成の場を考えてみよう。それらは特定多数の場合もあれば、不特定多数の場合の時

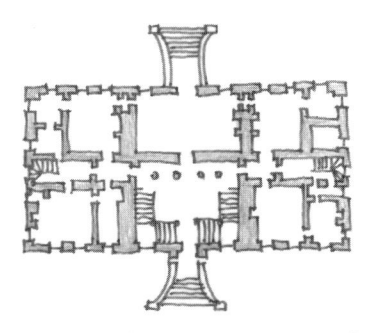

Coleshillの住宅（Roger Pratt設計　1956～67）

もあるが、いずれにしてもそこでの人々の要求即ち満たされたい空間の質は極めて広い幅をもっている。従って人々がそのなかで活動する場合、その自由性、選択の可能性ということを第一に考えなくてはならない。その要素の一つとして動線があげられる。都市空間のなかでの動線についてはすでに、C.アレグザンダーの指摘した硬直化したツリー・システムに対するセミラチスの提案による動線の多岐化、重層化がある。これは当然建築空間のなかの動線にもあてはまることであり、そのための方法が考案される必要がある。

人の動線が多様化していくことができるように空間が設定されていれば、それによって空間領域の両義的側面が浮かび上がってくる。例えばグリッド状につくられた動線（廊下等）によってかこまれた空間は、ある動線とむすびついて一つの領域を形成することができるし、又別の動線とむすびついて異なった領域を形成することもできる。このような構成は当然諸活動の多様性を促すことができるし、それはその建築空間の寿命を延ばすことにもつながるのである。ここでは二つの要素の同時設定とその相互作用が考察の対象となる。即ち動線を許容するシステムの設定とそれによって限定される空間領域である。このような建築の具体例をあげるとすれば、回廊が縦横に囲んでいるペリスタイルコート(*2)をもった古代ローマの宮殿がそれにあたるかもしれない。回廊がより中性的でグリッドが均等であれば、様々な空間領域の関係をそこにつくりだすことができるであろう。全体の構成を大きく動かすことなしに、領域の変換を自由につくりだすことができる。

ここでもう一度言葉をかえて空間の関係を考察してみよう。それは部屋という概念の導入である。これは空間の限定であり、それに機能の限定をともなう。この部屋を相互に関係づけるものが必要になり、これが廊というかたちで発生する。建築の平面の歴史的展開を追いかけてみると、近代以前には単純にいって部屋と廊が分離していなかったといえる。空間分化した部屋と部屋が直接相互に関係しあって全体をつくっていたのである。これはルネッサンスのヴィラをはじめ日本の書院造まで共通した原理である。しかしヨーロッパ近代に入って部屋が独立しそれを相互に関連づける廊が発生する。その図式が成立するとその後急速にそのシステムは展開して複雑な部屋の関係も次々と成立させてしまうのである。

これはヨーロッパ近代の貴族階級の住宅の平面から展開した歴史をみると良くわかる（Coleshillの住宅*3）。構成員（主人や客と使用人）の動線は明確に分離され、更に部屋は独立的であるが故にその位置からも自由になって取替可能となる。これはその後多様に変化していくが部屋の境界が明確な時は相互の関係は固定的であるが、それが不明確になると、即ち廊や部屋が開放的になったりすると、空間領域が重層的、両義的になっていく。人間の行動にとってその状況が時に応じて異なってほしいときが多く、どこまで固定的でどこまで曖昧にしておくかということが具体的な問題とされよう。廊が単に動線の空間から様々な人間の行動を許容しうるようになるためには、部屋との関係が非固定的であることが必要であった。一方日本の住宅においてはそれが曖昧である場合が多く、そこにヨーロッパとの空間意識による差異があらわれている。日本の伝統的住居のなかでも、例えば江戸時代の家老屋敷などをみてみる

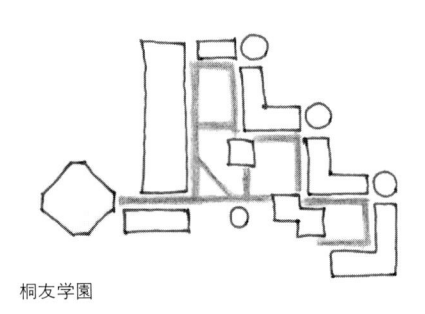

桐友学園

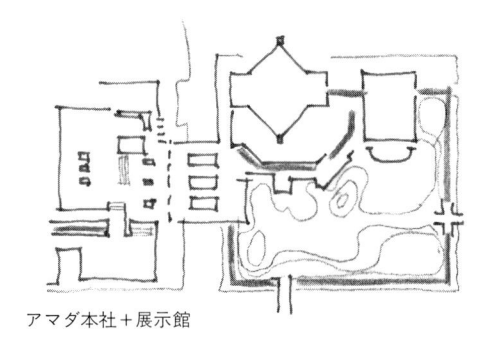

アマダ本社＋展示館

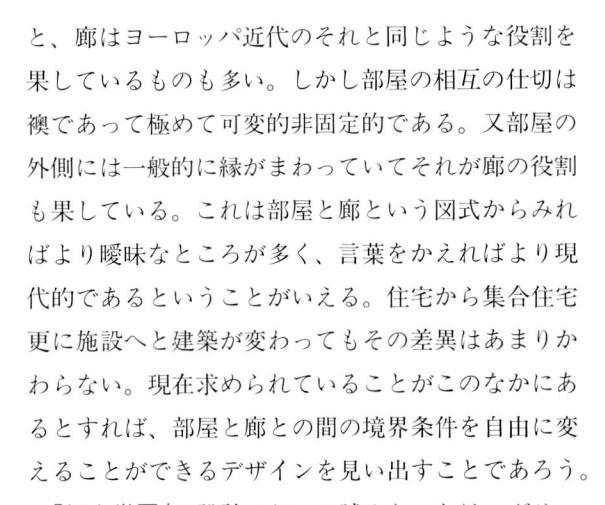

と、廊はヨーロッパ近代のそれと同じような役割を果しているものも多い。しかし部屋の相互の仕切は襖であって極めて可変的非固定的である。又部屋の外側には一般的に縁がまわっていてそれが廊の役割も果している。これは部屋と廊という図式からみればより曖昧なところが多く、言葉をかえればより現代的であるということがいえる。住宅から集合住宅更に施設へと建築が変わってもその差異はあまりかわらない。現在求められていることがこのなかにあるとすれば、部屋と廊との間の境界条件を自由に変えることができるデザインを見い出すことであろう。

「桐友学園」の設計において試みたことは、グリッド状に設定された廊（渡廊下の機能及び縁側のような中間領域的な性格をもつ）とその間にある中庭空間及び居室との相互関係のなかの多重な領域構成の創出である。それらはお互いに曖昧にむすびついて人の多様な行動を許してくれる。一つにはここに住んでいる色々なグレードの知的障害児たちにとって、一日の大切な日課である食事にいくという行為のゆきかえりの道としてこれは機能する。ゆきの道とかえりの道は同一でなくてもよく、そのときの選択による。単純なことだがそれが子供達の生活に彩りをあたえてくれるのである。又中庭のまわりをとりかこむ廊下、渡廊下とむすびついたデイルーム、それぞれの空間での日常的な生活、ときには散髪であったり、お話し会やゲームであったりするが、その内外空間の関係は非常に多様である。このような構成は多くの施設群について様々なかたちに発展できる有用なものである。

「アマダ本社＋展示館」では、展示館・本社・集会施設などの諸建築が2層構成の回廊とそれに併行する水路によって統合されている。その回廊の内側は庭園となっており、水路はある時には展示館の内部に嵌入したり、本社の前面で滝となったりする。このようにしてつくり出された回遊構成は、中国江南の庭園にある建築と庭のモザイク構成から学ぶものであり、機能の異なった施設の多義的関係がより形成しやすくなることを意図している。

このような廊が多層化して垂直方向に様々な関係をもつようになると、キャンディリス等のベルリン自由大学のプロジェクト[*4]に示されたように、キャンパス内の空間関係の時間的に息の長い変貌にも対応できる案になるであろう。廊は街のなかでいえば道である。ある場合には水路でもある。それらは長い時間生き続けており簡単に動くことはない。又動かしてはいけないものでもある。そして一つ一つの建築空間がその道と関係づけられて全体を形成する。グリッド状になった道はギリシャ時代から汎世界的なものであり、地形にあわせてある場合には多層にもなり地下にももぐる。すぐれた道の設定が長い将来をみすえたうえで行われれば、そこに豊かな空間の群が活動をつづけていくだろう。

4 — 外庭型と内庭型

住居の形態をその内部空間と外部空間との関係においてみると、内庭型と外庭型の二つがあると言われている。内庭型とは周囲を街路にとり囲まれ中庭を中心として建物がまわりをとり囲んでいるもので、旧くからこのようなタイプの住居が密集して都市を形成してきた。これに対して外庭型というのは敷地の中央に住居があって街路との間には空間がとられており、ここが庭になっているタイプである。勿論

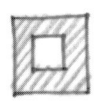

内庭型（左）と外庭型（右）

この中間にも敷地のなかに住居がいくつかに分かれて建てられており、それらの間に庭のある分棟型など多様なものが存在するが、日本の場合その気候条件からも外庭型の方が主流であった。しかし、都市内部で密度があがって来るにつれて内庭型が再検討されて来ている。伝統と風土に適応した都市型の家と庭の関係はどのようなものか探ってみる必要がある。内庭型の住居は外周を建物で囲うことになるので街路に接するところは即ち外壁であり、街路は住居の外壁によって構成されている。それと反対に外庭型の住居では外周の囲いは閉鎖的な塀から粗い生垣まで極めて多様なものでつくられている。そして街路はそれによって表情を異にするのである。かつては一つの住居群が集落や街を形成する時、それらの外周は共通なものがつかわれ、それが群のまとまりでもあったが、現代ではそのような様相は失われている。それは一つ一つの住居の敷地が狭隘化して外周を構成するものが貧弱になり住居の外壁そのものが露出してしまっているので、街路のまとまりを形成する要素は皆無に近い。

このような状況のなかで独立住居の群形成を考えていくことは極めて困難であるが、第一節でも触れた前庭と後庭をもつ住居を近接して即ち隣地にほとんど接する状態で配置し、街路にはそのフロントだけをみせる。更に街路との間に、即ち前庭を枠どるものとして共通要素を創出する。共通要素としては様々なものが考えられるが、第二章でも触れることになるフレームもその一つであり、そのような住宅地の景観形成も検討に値しよう。

住居を都市との関係からみていくと、今まで設計した住居のなかから典型的なものをいくつかとり出すことが出来る。それらは都市内部で或る程度密度の高い地域の住居であるが、そのような場合オープンスペースが極めて大切である。又それはその地域にとっても同様であり、戸建住居同士から集合住居に至るまで建築の間のすき間はどんな小さなすき間でも有効に働くことが出来るのである。「中目黒の家」は外庭型である。容積率は100％であり独立住居としては高密度に属する。この場合外庭型であると外部空間はこまぎれになってしまう。従って極小外部空間をできるだけ拾い集め、周辺環境とすり合わせて対応していくしかない。そのようなものの統合が内外空間の関係である。これは別の言い方をすれば「すきま」の見直しであり、それに正の評価を与えることである。更にここでは植栽が大きなはたらきをすることが分かる。微少な外部空間であるだけに太陽の当り方から隣接するものとのプライバシーの確保、通風、更にはやすらぎの創出などには是非とも植物の力を借りなければならない。又ここでは住居の屋上が最も開放的であるため、そこにペントハウスをつくり、ウッドデッキを並べプランティングボックスの栽培を行い、生活をひろげている。隣接して視覚的に他の住居の屋上ともつながり街並へとも延長する。

このような状況は又高密度になれば内庭型の住居に近づいて来ることである。その例が建物の頂階につくられた住居「三軒茶屋の家」である。ここには円形の庭が住居の真ん中にとられ、これを住居の各室がとり囲んでいる。ここに植えられている四季折々に咲く植物群は狭いながらも都市内部にいることを忘れさせてくれる。太陽、風をうけ天空の下に自然の一部を再現してくれるビル頂階の町家である。

いわゆる伝統的な日本の「町家」を現代に再構成したものの例が「須賀川の町家」である。基盤になる敷地は短冊型（10m×40m）であり二面道路に接している、内庭型の木造住居がつくられていて蔵も井戸もあった。ここに店舗併用住居をつくるとなると一つ考えられるのが立体化である。町家の特徴を生かしつつ立体化するためには、RCを主体とする混構造が適切であると考えた。それによって一階は９m×30mの無柱空間が確保され二階には植土を十分に入れて中庭型住居を木造を主として築くことができる。隣接住居との関係から両側はRC壁を三階まで立ち上げているが、実質的には0.5mのすきまがつくられていてここに外部から二階の中庭へアプローチできる階段がある。これは家と家とのすき間を利用した新しい方法であり、伝統的な町家にも海外の例でもみられない方法である。通風、日照、そして通り抜け、メンテナンス、様々な面でメリットがあり又日本の慣習とも矛盾しないつくりかたである。井戸は二階の人工地盤の中庭まで引き上げられ、いわゆる町家の立体化が倍増したかんじがする。住居は二、三階にもちあげられたためプライバシーは十分確保され通風も街路への眺望も申し分ない。

　これらの例は住居を地上レベルより持ち上げたために、アクセスやプライバシーに変化が生じ有利な面があると同時に、街路とはやや間接的関係になり近隣との交流に於いて不利な点が生まれてくる。「須賀川の町家」につけられたすきまの階段の働きが今後どのような働きをするか、「中目黒の家」や「三軒茶屋の家」の頂階が近隣同士のコミュニケーションを生み出し、アルジェのカスバ(*5)にも似たコミュニティをつくることが出来るであろうか。

「中目黒の家」には内庭がなく「須賀川の町家」には外庭がない。「三軒茶屋の家」は内庭も外庭（屋上）もあるが隣接住居とのコミュニケーションは不十分である。個々の住宅の居住条件を良くしながら相互のコミュニケーションを活性化する物理的条件を準備することは、一朝一夕にはいかないのである。先ず住居のかたをそれらしくつくり出さなければならない。そしてそこでのくらしのかたを生み出していく必要がある。それは一人一人の行為からはじまってやがて共同の規範になっていく。私達が今まで伝統的社会の住居群でみて来たものはまさにそのようなものであり、それを今新しくつくり出そうとしていると考えて良いであろう。

註
*１　N-City　ゆめプラン39・41・49区画
保坂陽一郎建築研究所案参照／都市基盤整備公団刊
*２　ペリスタイル・コート
ヘレニズム期の住宅では中庭形式で構成され、その周囲に円柱が建てられているものが多くみられる。このようなものをペリスタイル・コートと呼ぶが、この形式は公共建築にも及んでいる。
*３　Coleshillの住宅
住宅の中央に廊下が通り、その左右に部屋が並んでいる。中央に大階段、廊下の端部に小階段があって地下迄つづいている。これらの階段によって主人・客人と召し使いの動線は分離され、又廊下によって部屋の独立性が確保された。
*４　キャンディリス等のベルリン自由大学のプロジェクト
1963年キャンディリスとウッズ等によるコンペ案で大学の将来にわたる様々な変化に対応出来るよう重層した廊の間に自由に部屋をはさみこみ構成するという計画。
*５　アルジェのカスバ
アルジェリアの首都アルジェの中に今も残るイスラム街で周囲は1830年フランス人が占領した時からヨーロッパ的都市につくりかえられている。カスバとは街のことだが殆どの住宅が中庭形式で屈曲した街路の中に建ち、まさに迷路を形成している。しかし屋上は開放的で明るい地中海を望むことが出来、人々が交流するのにふさわしいスペースとなっている。

● 1-1／グリッドプラン

南柏の家

保坂陽一郎　千葉・流山市　木造　平屋
152m²／73.7m²／58.6m²
1961.10　フワ建設
大橋富夫

● 凡例
作品名
建築主　所在地　構造　階数
敷地面積／建築面積／延床面積
竣工年月　施工者
写真家

南東側外観　屋根　石綿スレート板大波曲面

ヴェランダ

北西側外観　外壁　しっくい

断面図 1/200

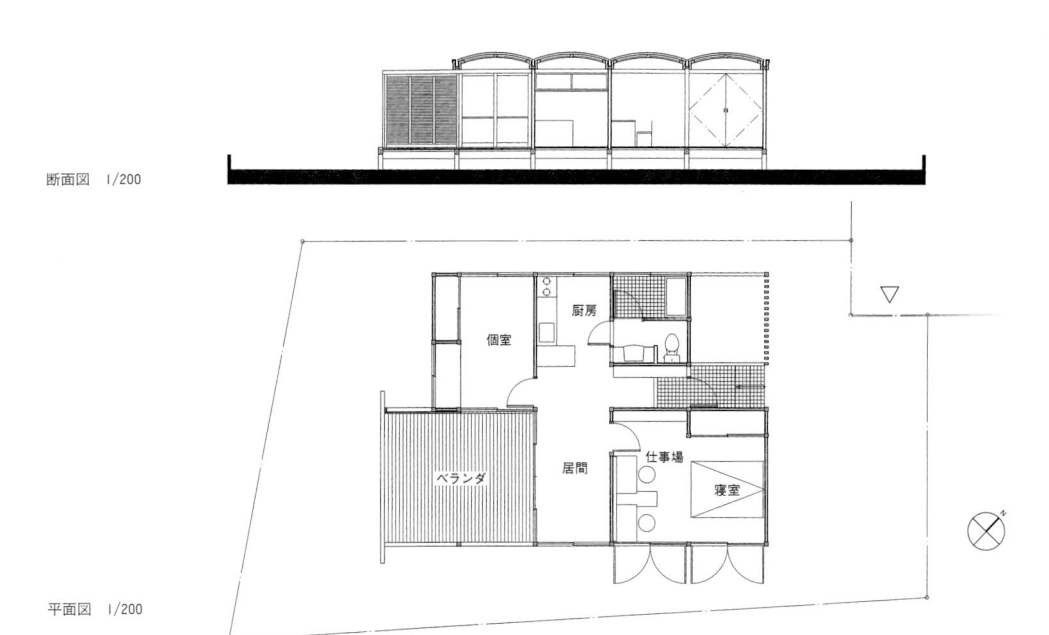

平面図 1/200

【Stage 1】1961年
3人（夫婦・老人）

　この家は、いつまでも未完成の状態を続けるかもしれないが、それは、自分で設計して自分で住むという特殊な条件の中でのみ許されるのかもしれない。最初のアイデアから施工の間中常に設計の変更が建主＝設計者の中で行えるということを一つの幸いと感じながら進めてきた。

　国電で通勤している私は車輛設計の進歩を常に楽しくみまもっている。交通計画の大綱はともかくとして、車輛そのものについてみれば一つひとつの利用者の機能を満足していく方向に向っている。しかしそれのみではなく、私にはそれが同時に美しさを感じさせる。

　新しい電車で知らない土地に出かけるのは私の大好きなことの一つである。住宅というテーマの前に立ちふさがってくるプレファブリケーションに対して、この電車のもつ意味は私に一つの示唆を与えてくれる。プレファブリケーションとはこういうものだと思うことがある。

　しかし一方では、白壁が鮮やかに軸に構成づけられている民家のたたずまいを一つの美しさとして感じないわけにはいかない。そして人間の住まいの造形を時間というファクターの中でそこに見出すことができる。

　非常に単純ないい方だが、上の二つのものは決して矛盾するものではないという考え方から、この家は出発したといってよいだろう。（『建築文化』1961-8）

●増築後の変遷

【Stage 2】1967年
4人（夫婦・子供1人・老人）

【Stage 3】1971年
5人（夫婦・子供2人・老人）

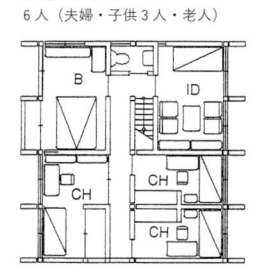

【Stage 4】1976年
6人（夫婦・子供3人・老人）

【Stage 5】1981年
6人（夫婦・子供3人・老人）

室名	
A	アトリエ
B	寝室
BT	浴室
C	納屋
CH	子供室
D	食堂
DK	ダイニングキッチン
E	入口
H	ホール
ID	個室
K	厨房
L	居間
P	ポーチ
S	書斎
V	ヴェランダ

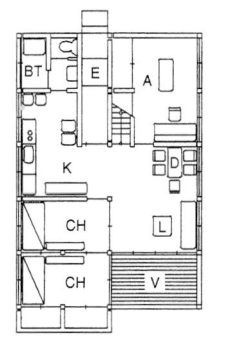

設計当初では空間単位を一つの基本と考えていたが、それはあくまでもコンセプトであって現実にそれが展開していくとは思ってみなかった。しかし家族が次第に増え、止むを得ない状況を前にして、あらかじめ設定された路線の上を走ることになった。ただ、架構の具体的方法は増築がスタートする時点で大工と相談して決めたことである。大工は新たな土台を敷いて2階を上げたいという。いわゆる「おかぐら」である。構造家に相談すると、それはそれなりで理屈に合っているという。合わせ梁の間に3.5寸角の土台をおとしこんで柱をたて、1階の上にまた1階のようなものをつくってのせた。その後、長い時間がたっているがトラブルはない。これも合わせ梁だったからうまくいったのかもしれないが、先見の明とはほど遠い。次から次へと空間単位を増やしつづけ、最終的には当初の8単位が20単位と増えてしまった。その時『建築知識』誌が特集をくんでレポートし、評者の難波知彦氏が「今度は減築ですね」といったが、減築はなかなかむずかしく現在もそのままである。木造でなければ、チュニジアの集落にもこんな空間単位のくりかえしがみられる。

増築後の外観　外壁一部グラサル貼

整形四つ間取り——ある共通解へのアプローチ

　この三つの住宅は、おのおの敷地の条件が異なる。海の見える傾斜地の中腹、平坦な郊外住宅地の一角、都心の古い住宅街と多様である。設計を始めた時期は少しずつずれていたが、結果的に一つの共通解が当てはまった。平面がいずれもコンパクトな方形で、基本的にそれが四つに分割されている。床下を利用するもの、屋根裏を利用するもの、半地下室を利用するものなど、敷地の状況によってさまざまであるが、1階と2階が基本的にあって、その上と下が個別的に対応しているという共通性がある。隣地との対応や道路との対応についても、パンチングメタルという共通した素材を使っている。窓などから入ってきた空気が家の中を通って上に抜ける風の道も、少しかたちが違うが同じ発想でつくられている。

　屋根裏や床下や半地下室の空間は、住居における精神的な意味合い以前に、これらの家族からは喜ばれている。住居は人間を入れる容器であると同時にものを入れる容器でもあるので、特に「馬橋の家」の床下などはほぼ立って歩ける高さだけに、極めて有効である。屋根裏は子供たちの遊び場や寝る場所として、夢をふくらませるのに良い。

　広い意味で機能的なものを追いかけていくと、例えばこれらの規模の範囲の木造住宅は、なんとかある共通解に絞っていくことができると思っている。さらにもう少し細かな部分を眺めていくことが大切である。そしてそのような部分の積み重ねの延長線上に、一つの日本の住宅のプロトタイプを見つけようというアプローチがあっても良いと思っている。
（『建築文化』1981-7）

● 1-1／グリッドプラン

葉山の家

田草川定一　神奈川・葉山　木造　2階
225.8m²／64.8m²／130.0m²
1980.12　秋山工務店
畑　亮

　西に相模湾を遠望する傾斜地の中腹、北に小高い丘をかかえ不動明神が隣り合う。南側は崖の先に県道が走り、その先は丘になって上がっている。ちょうど海からの風が通り抜ける道で、風通しは十分だが気象は厳しい。敷地は南北に長く、アプローチ道路は北側でレベル差2.0m近く敷地より下がっている。東西は家が隣り合うので、開口部の配慮が必要な所である。（『建築文化』1981-7）

南側外観　外壁　ハンギングタイル貼

西側外観　屋根　エタニット瓦

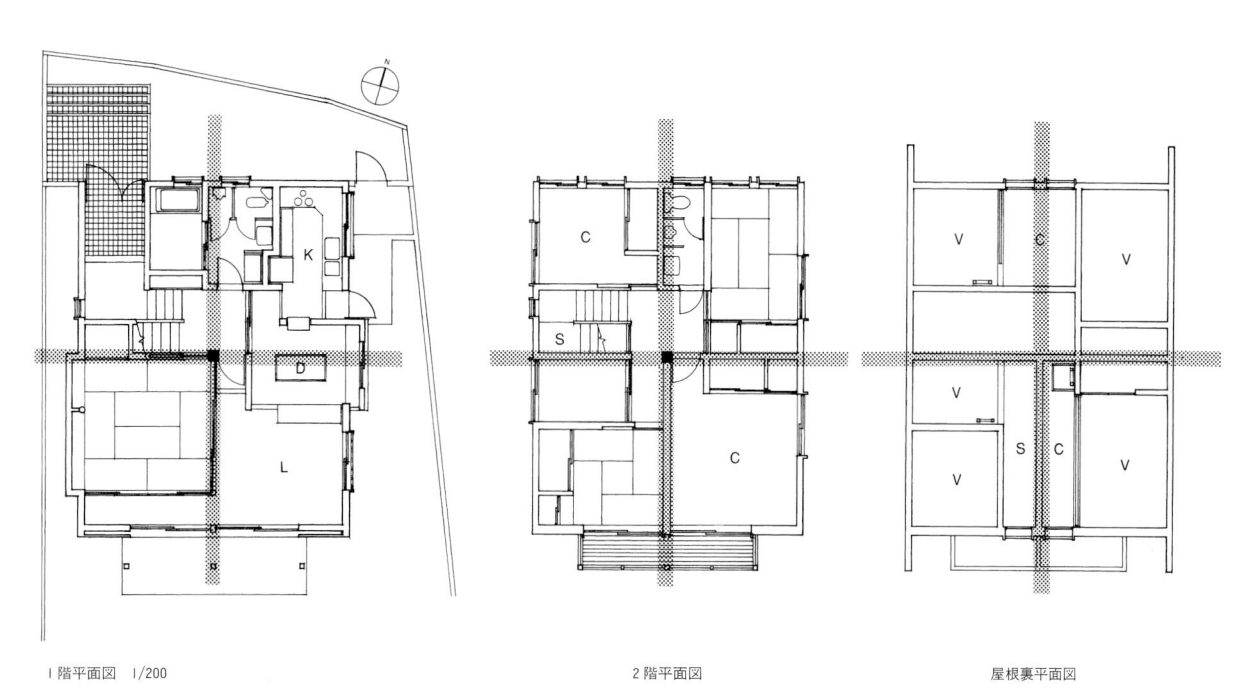

1階平面図　1/200　　　　　　　　　　　　2階平面図　　　　　　　　　　　　屋根裏平面図

● I-1／グリッドプラン
雑司ヶ谷の家

鎌田道宏　東京・雑司ヶ谷　木造一部鉄筋コンクリート造　地上2階地下1階
88.7m²／51.5m²／123.8m²
1981.6　鈴木工務店
垂見孔士

　雑司ヶ谷の墓地のほぼ南、やや南に傾斜した古くからの住宅地、北に本浄寺という比較的大きなお寺がある。しかしすぐ東側を首都高速道路が走っており、静かな所とは言えない。周辺は商住混交地で3層程度のものが軒を接して建っている。傾斜地ということで日照通風は多少有利であるが、敷地が狭いためかなりの工夫が必要である。北側のアプローチ道路は4.0mを切っているので、交通はあまり激しくなく、ある程度のプライバシーは確保できる。（『建築文化』1981-7）

東側外観

屋根裏部屋への階段

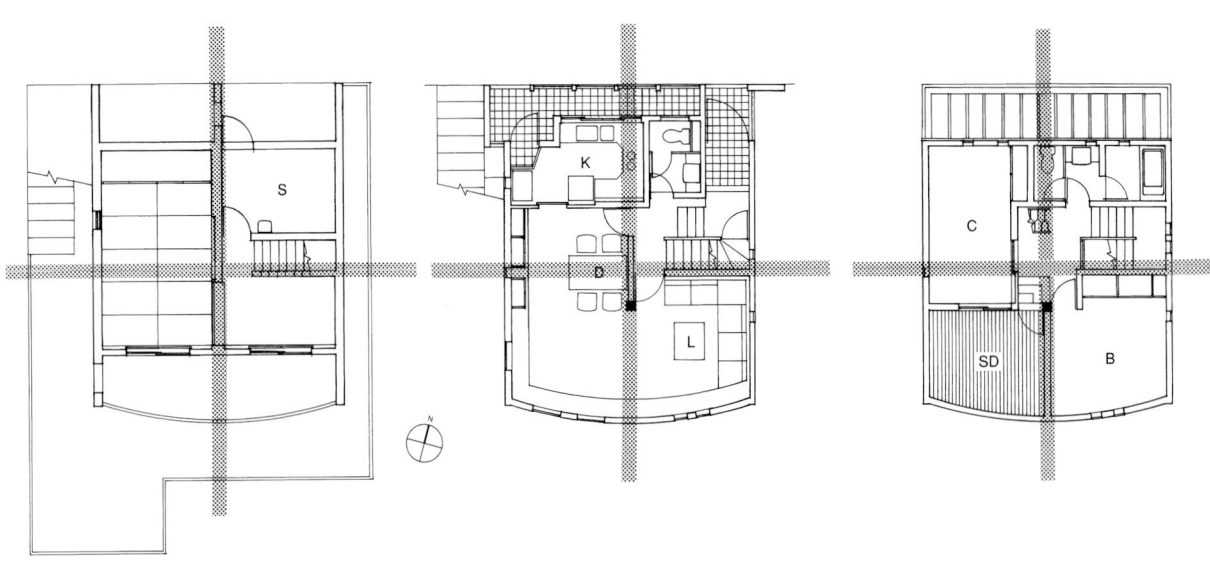

地階平面図　1/200　　　　　1階平面図　　　　　2階平面図

● 1-1／グリッドプラン
馬橋の家

塚田　昭　千葉・馬橋　木造　2階
169.34m²／62.76m²／105.48m²
1981.4　大前工務店
垂見孔士

　常磐線馬橋駅に近いが、駅の反対側は古くからの宿場町である。この敷地のある場所は新しく住宅地となった所であり、もとは耕地だったため、まったく平坦でランドスケープの特徴はない。周辺はまだ家が建て込んでいないが、駅に近いため近い将来は密集地になる可能性がある。敷地は南北に長い。住宅地域だが第1種高度地区なので、配置等に配慮すれば日照りはある程度確保できる。(『建築文化』1981-7)

東側外観　屋根　エタニット瓦　　　　　　　階段から天窓を望む

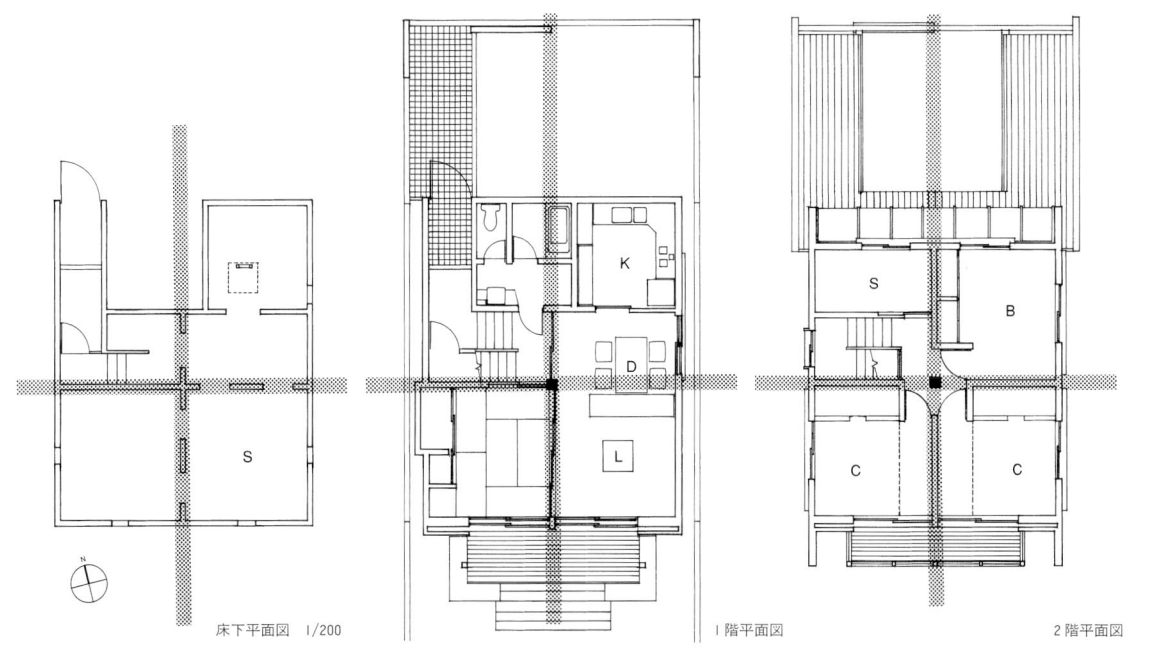

床下平面図　1/200　　　1階平面図　　　2階平面図

●I−2／部屋の統合
甲府の家

山口源造　山梨・甲府　鉄筋コンクリート造　2階
914.3m²／184.2m²／211.8m²
1969.3　渡辺建設工業
24頁／岡本茂男・25〜27頁／荒井政夫（新建築）

　勾配屋根の中に三つの箱を抱きかかえ富士がみえるように雁行させたこと、夫婦の部屋を少し離しておいたことなどはみんな設計途中で少しずつ出てきたことである。だが結果としてそれらの関係を凍結してしまったときに、私はこれを設計と呼ぶのだという気がした。すべて空間の意識はこれからはじまるのだ、ということを考えると怖いような気持になった。ものの関係を凍結することは一方から考えればすべてが終わってしまったことであり、まちがった見方をしてしまえばそこからはじめていく以外にない。建築としての実体がちょうどその境界にあるのだといってよい。

　私は、この住まいを設計し、現場に通っていながら、もうこのような条件——とくにその人間関係——の中では仕事ができないのではないかという気持にかられて仕方がなかった。それはこういう敷地がまだ残っている甲府のような町も少なくなったことと併せて、この現場にきた多くの職人の人たちの顔を思い出すとなおさら強く感じられる。初めから終わりまでいつも数人の女の人たちが下働きとして手伝っていてくれたが、彼女たちが鉄瓶の湯を沸かすときは本当に楽しいひとときである。昨日からのことがみんなの口から話されると笑いのたえない現場、材木を豊富につみ上げてその中から一本一本選びながらかんなをかける大工、まったくの筋金入りの棟梁と専門教育をうけたその若い息子との間をつなぐ建物への情熱、これらのことは私たちが決して失ってはならないものなのにちがいない。労働と余暇に切り離されてしまった現代がもう一度試みてもよい生活の一体化がそこにあるように思える。（『新建築』1969-5）

南側外観

1階平面図 1/300

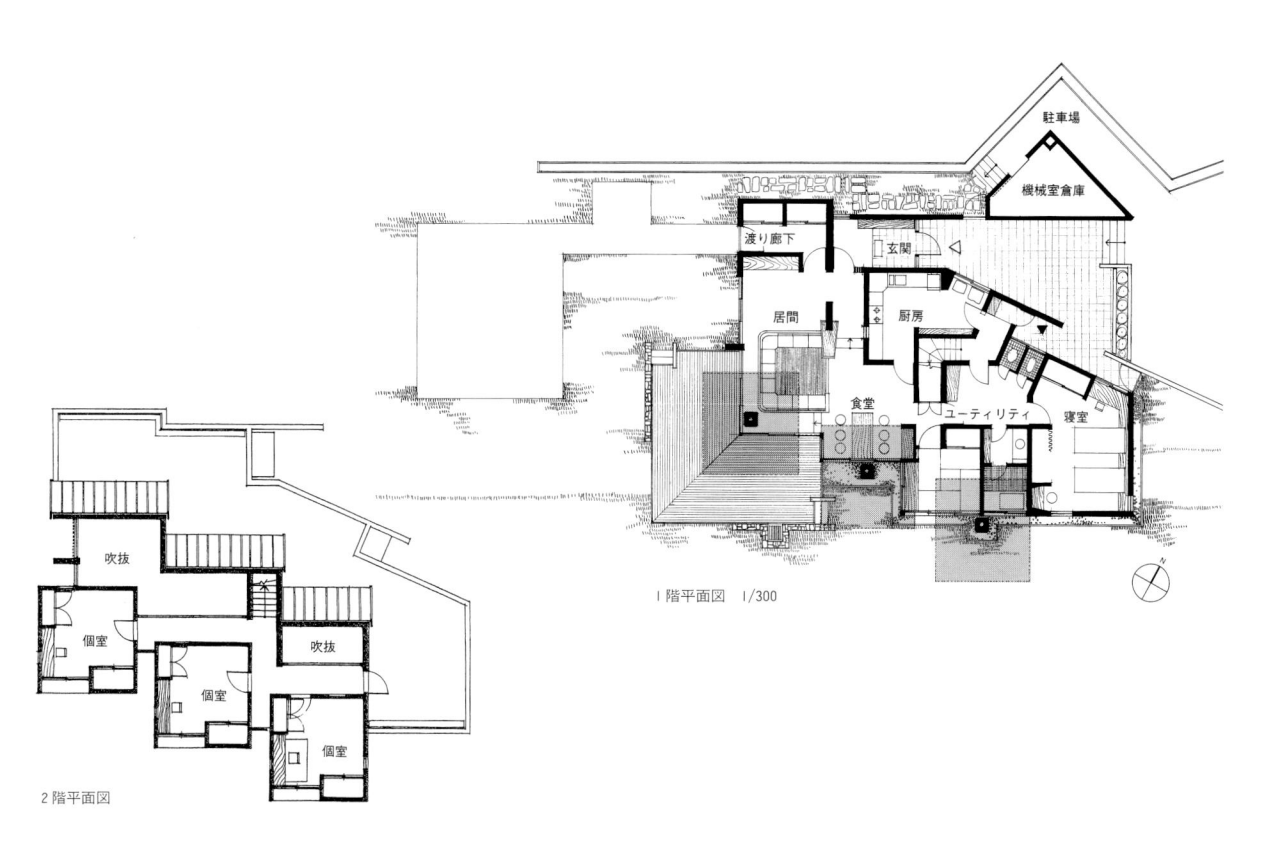

2階平面図

アプローチからみる

2階廊下から1階をみる

居間から吹抜けをみる

● I-2／部屋の統合

撥の家

この住居の敷地がたまたま非常に不整形であったことは、独立住居の性格をいっそうきわだたせるものだと、私ははじめから考えていた。したがって、平面の出発はアプローチと方位の二つであることも明確に指摘できる。この住宅の構成の方法をもう一度要約してみるならば、つぎのとおりである。(A)個室を代表とする物理的に閉鎖度の高い空間——BOXとよんでもよいもの。(B)(A)によって物理的に限定された不定形の空間。住居の中にある空間の物理的特性をこの二つと、付加空間（すなわち洗面室、便所、浴室、機械室）に強引に分けてしまい、それが相互に入りくみあいながら組合わすことが、方法の内容である。私は以前「甲府の家」で個室を群化し、これによってつくられる居間的な空間が、群化した個室をふたたび総合するはたらきをもつであろうと考えていた。しかし、全体を形態上からしばしば観察してみると、かならずしもそうは感じられない。象徴的な意味あいからもなにかが必要なのだということが痛感された。内部的には総合のはたらきがあっても、シンボルのはたらきをするものに欠けている。この住居に大屋根をかけたのは、まさにそのためである。(『建築文化』1970-9)

1階平面図 1/400

泉晋太郎　川崎・馬絹　鉄筋コンクリート造　2階
3904.51m²／242.70m²／352.40m²
1970.8　フワ建設工業
彰国社

アプローチからみる　外壁　タイル壁

● I-2／部屋の統合
和田町の家

遠藤和治　山梨・甲府　鉄筋コンクリート造　2階
900.21m²／310.83m²／370.31m²
1974.7　内藤工業
大橋富夫

七つの箱とその間のスペース

　甲府市北部にある900m²のやや南下がりの敷地。この約半分が住居で占められ、残りは庭となっている。全体の構成は四つのコンクリートの箱を台として、その上に三つの箱が乗っかっている。台の箱は四つともほぼ容積が等しく、屋根面が傾斜しており、開口部が少ない。上に乗っている三つの箱も容積はおのおの等しく、開口部には方向性がある。これらの箱の相対的位置関係は、直交する2本の軸に対して対称である。これら七つの箱のおのおのの形態と、その相互関係は一つの秩序を示すと考えられる。箱の外側はすべて白の47mm角タイルでおおわれている。

　四つの台の箱は、接客、夫婦寝室、老人室、機械室・収納室であり、他の三つは子供の専用居室である。そしてこれらのあいだのスペースは、家族全体で共同につかわれており、主として居間、茶の間、食堂、厨房などである。(『建築文化』1974-12)

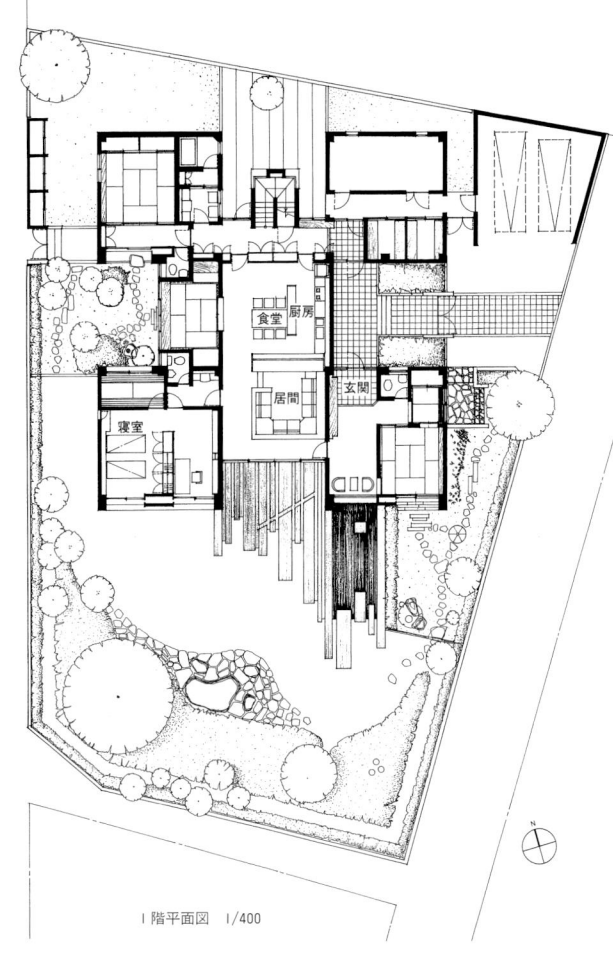

1階平面図　1/400

南側外観　外壁　タイル壁

● I−3／部屋と廊・回廊と庭

桐友学園

社会福祉法人 桐友学園　千葉・沼南　鉄筋コンクリート造一部コンクリートブロック造　平屋
延床面積　1,534m²
1971　大成建設
31頁模型写真／村井　修・それ以外／松岡満男（新建築）

　この知的障害のある子供たちの施設は（当時は精神薄弱児施設といった）その親たち何人かが集まり、それに東京教育大学（現在の筑波大学）の学生たちが支援して作ったのものである。これを支える国の福祉事業は極めて貧弱であり、昭和39年にやっと千葉県によって認可されたが、経済的にもその運営は非常に厳しいものであった。いわば親たちのやむにやまれない要求がつくりあげたものである。山林を切り開き古い建築資材などを使って建てられたものであるが、昭和44年不幸にして火災を起こして園児が犠牲になった。それが国会でも問題になり福祉政策を一歩でも推し進めるかたちで不燃構造による再建がみとめられたのである。

　この敷地の周辺は日本住宅公団（当時）が団地の計画をすすめており、それとの環境調整が一つの問題であった。国の方針としては学園の子供と一般の子供たちを区別しないということをうちだしており、むしろ相互交流が刺激にもなりうるという考え方であった。また学園内にも男女の生活領域を曖昧にした方が活発になり、グループの規模も固定的にならない配慮が必要とされた。廊下の活用については当初から積極的で日常生活のさまざまな局面が中庭とともに使われることを希望していた。デイルームも含めて全体を構成する系は極めて複雑なネットワークを形成できるよう設計することが第一義であったといえる。これはグリッド状になった全体計画概念図によっても明示することができる。動線を短くすること、ゾーニングを明確にすることなどは当時の建築計画の一つの理念とされたが、ここでは逆に例えば居室から食堂への動線は何本もあって遠回りしていくことが楽しみになるように設計すること、また軽度、中度、重度というように子供たちの生活領域をはっきりわけるのではなく、折れ曲がった廊下で連続的にしてしまいそれによって囲まれた中庭同志が曖昧に結びついても良いように計画することが強く意識された。

南東外観

全体模型

デイルーム

南東外観夜景

グラウンドでの生活

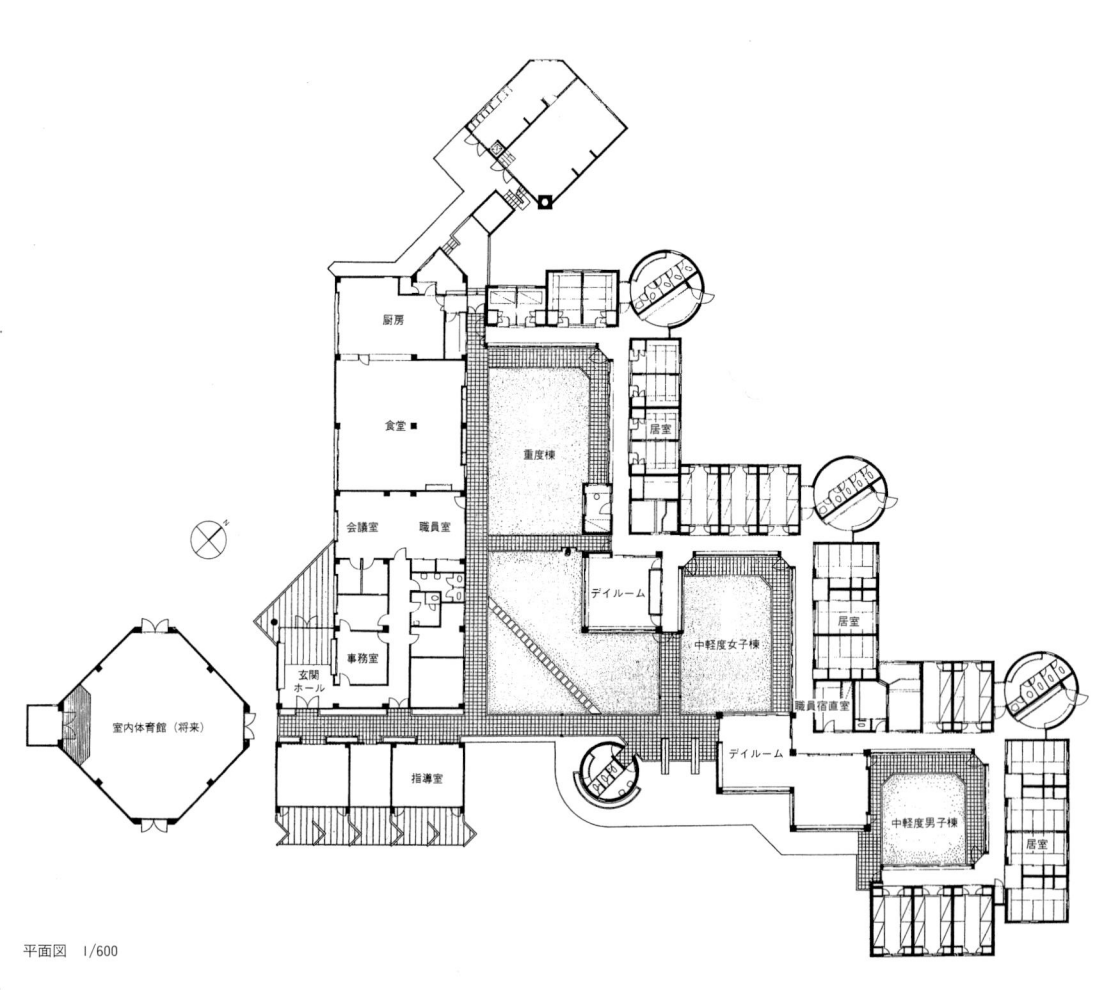

平面図 1/600

中庭で

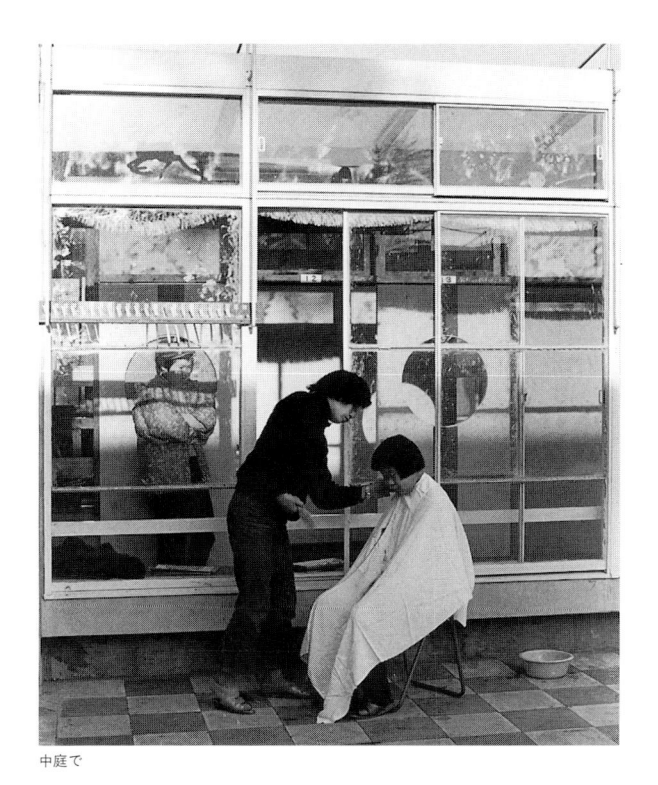

廊下での生活

食堂

● 1-3／部屋と廊・回廊と庭
アマダ本社＋展示館

アマダ　神奈川・伊勢原
本社ビル　鉄骨鉄筋コンクリート造　10階
展示館　鉄骨造一部鉄筋コンクリート造　地上1階　地下1階　延床面積　10,675m²
1979.10　池田建設
畑　亮

南からの外観　左／展示館　右／本社棟　鉄骨コールテン鋼　外壁　タイル貼り

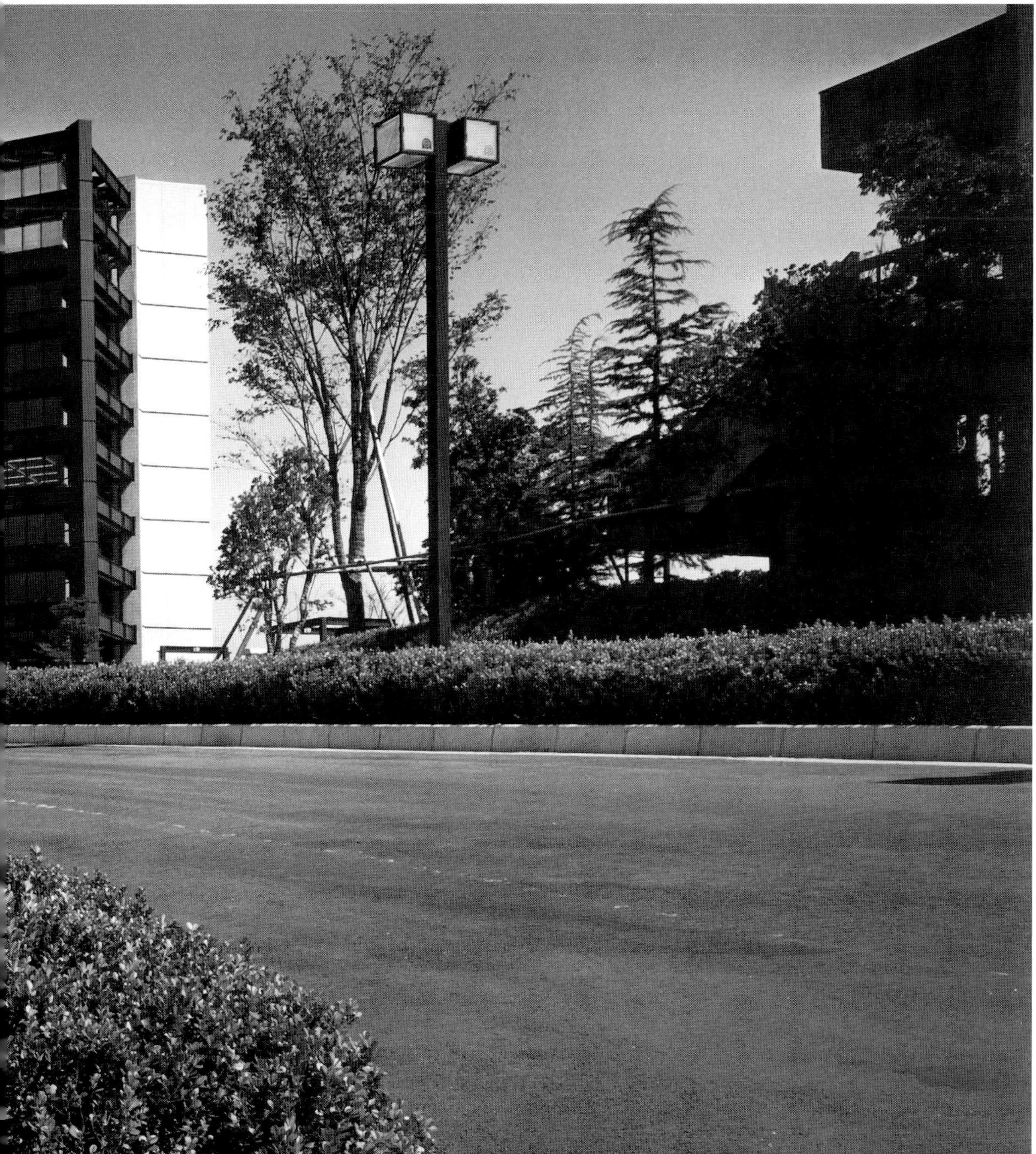

アマダは自動工作機械のメーカーであり、戦後技術開発を最重要と考え欧米の先端技術を学びながら数多くのユニークなアイデアを生み出してきた企業である。工作機械という本来の道筋をはずすことなく研究と実践を日々深く掘り下げており、80年以降は逆にヨーロッパに進出を果たし現在もその活動はこの業界のなかで一つの重みをもっているといえよう。

　この企業の営業活動は工作機械を実際に操作してもらうなかで売り上げていくのを第一義としている。そのためには全国からの顧客を工場に集めそこで売っていくシステムをとりつづけている。その機能をみたす施設がここでいう展示館である。ここは工場と不可分の関係にあって、建築的にも工場の一部に附加したかたちになっているのである。工場で機械を充分体験した顧客がゆったりと商談に入るスペースがそこには用意されている。このような展示即売会は年何回か催されるのであるが、全国規模であって多くの参加者がある。それらの人々夫々満足のいく空間を用意していくことがここでは大切になる。

　展示館は入口から1.200mのレベル差をもつ床が4枚連続していて、夫々ゆるやかに区分されながら全体としては大空間のなかに収まっている。大きなロビーが曖昧な境界をもちながら集合した内部空間である。この展示館を核として本社機能が成立するのであるが、そこには事務棟、集会室棟、庭園などが構成要素になっている。全体的には回遊性が計画されており、顧客の動線と本社内部の動線をたくみに分離しながら、商談を終えた人たちが更に様々な集会、展示などに参加でき屋外の庭園を楽しむこともそのルートのなかにとりこまれている。これらを結びつける系としての水路は庭園の外側を大きく囲み、事務棟のロビー前では小さな滝となり更に展示棟までのびてゆく。この外部水路には2層になった廊が併行しており、工場内の領域とこの本社＋展示館のそれをゆるやかに仕切っている。これらの計画は一挙につくられたものではなく、はじめに展示館があってそれに諸機能が附加していったのである。そしてそれら全体をまとめあげ、敷地内の他の工場群と区別するためにこのような廊と水路の枠組みに代表されるものが必要だったのである。内部にとりこまれた庭園はある意味でこれら諸建築の核となるものである。

全景　手前はダブルデッキによる回廊

本社棟前庭・水路

展示館内部　鉄骨コールテン鋼

配置図・1階平面図 1/1000

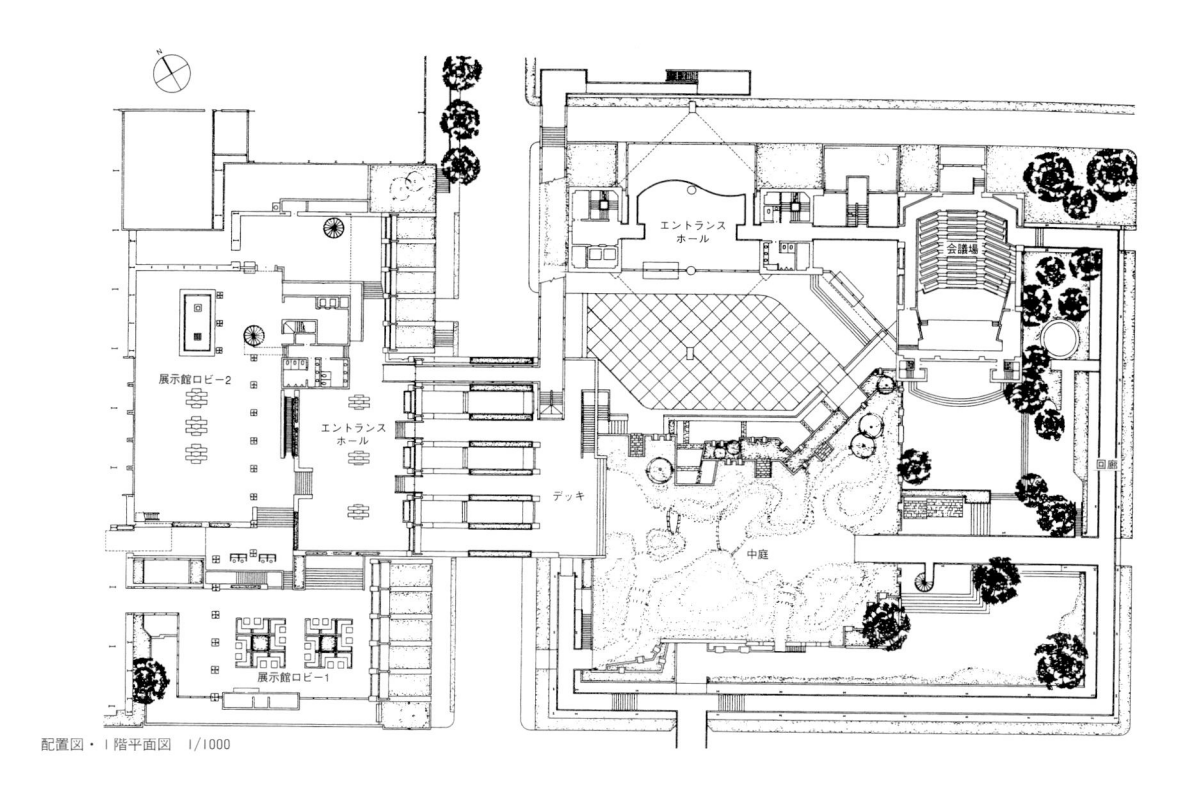

本社棟　1階ロビーエントランスと前庭

● I−4／外庭型と内庭型
中目黒の家

山本六雄　東京・中目黒　鉄筋コンクリート造　地上2階　地下1階
239.45m²／108.92m²／231.22m²
1990.12　渡辺富工務店
畑　亮

　敷地は、中目黒の商店街を抜け、住宅地の敷地割りがだんだん大きくなるあたりの、高台を西へと登っていく坂道の途中にある。周囲にはまだ緑が多く、近くの神社の境内からは、山の手の台地深く蓄えられた清水が渾々と湧き出している。その坂道から2～4m高い敷地に、もともとは外人用だった住宅を、建主家族が緑豊かな庭を生かしながら暮していた住まいの改築である。

　家族は、老夫婦、主人夫婦、お子さん3人の7人、車3台分の駐車スペース、ドラムなどの練習のための音楽室等を盛り込むためには、敷地はそう広くはない。近隣も建て込んできており、そうした都市の住宅に共通する課題としての通風、採光、プライバシーの確保、さらに外部空間とのつながり、道路と向かい合うファサード等を考慮しながら設計を進めていった。

　建ち上がってきてみると、隣家が迫っているわりに、各部屋の窓からはかなりの空間的拡がりが得られている。敷地に対し南が少しふさがれているため、北側にある食堂へも西からの光が入る。真南方向に振った居間から、隣家の庭を借景として奥行きのある景観が展開するのも予想通りであった。

　階段室には屋上からの明るさが1階まで落ちてくるし、階段室を通してサンルームの高窓へと風が流れる。屋上に上がれば、その眺めと開放感は素晴らしく、ホッとさせてくれる。ご主人はプランターで野菜などをつくって積極的に楽しんでおられるようだ。

　入居から4年を経て家族構成も変わり、地下の音楽室を使わなくなったが、基本的には当初の住まい方が維持されている。木々もほどよく育って、周囲の緑に馴染んできたようである。（畑好子　青山恭之／『新建築　住宅特集』1995-8）

北側外観外壁　タイル貼り

屋階　ウッドデッキ

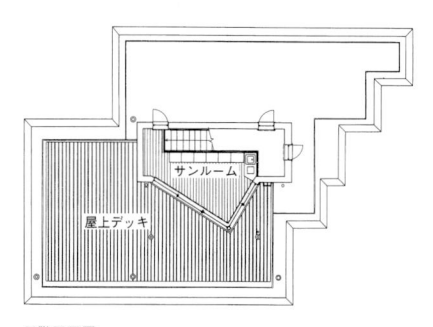

屋階平面図

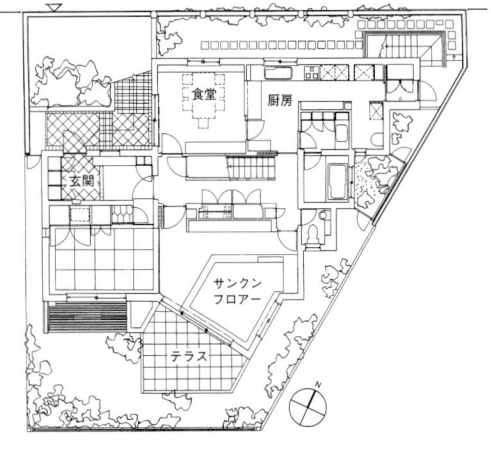

サンルーム
屋上デッキ

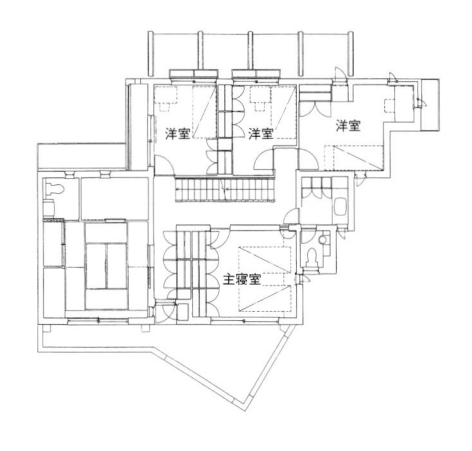

1階平面図　1/300

食堂
厨房
玄関
サンクンフロアー
テラス

2階平面図

洋室
洋室
洋室
主寝室

居間　サンクンフロアーと和室

● I-4／外庭型と内庭型
三軒茶屋の家

ファンタピア商事　東京・三軒茶屋　鉄筋コンクリート造
地上5階　地下1階
348.23m²　293.57m²　1733.47m²　住居部分　252.16m²
1990.5　清水建設
畑　亮

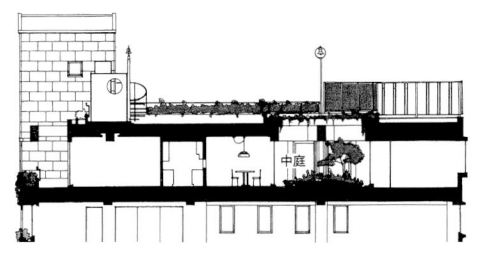

断面図　1/400

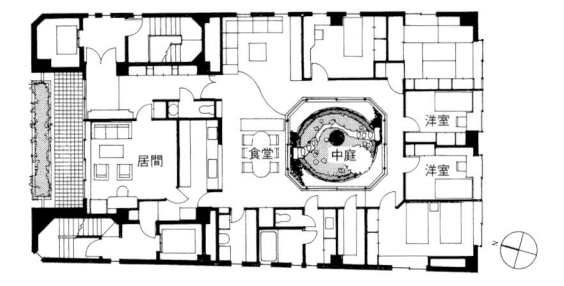

5階平面図　1/400

　この住居は三軒茶屋のターミナルに隣接する地下1階、地上5階のビルの頂階につくられた住居である。北側に道路があり、他の三方は隣接民地であるから主採光面は北側のみとなり、頂階といえども居住条件は悪い。そこでこの階の中央部に楕円形の中庭をつくり、日照、採光、通風の役割を担わせることにした。中庭は四季に渉って何かの花が咲いているという寄せ植えで（モミジ、ヤブコウジ、サンヤソウ等）、三軒茶屋の真ん中にいることを忘れさせてくれる。

　平面的に見ると、一種の地中海型コートハウスに似ているが、頂階であるため北側のテラスはきわめて開放的であり、アクセスは北東のコアに頼っているので道路との直接的関係はない。また三方の隣接地はいずれも分離された建物であり、住居の周りに「すきま」が回っている。

　したがって、これは一つの新しい「内庭型」住居ということができよう。屋上はこの住居空間と強い結びつきはとくにないが、もしここにも住居を積極的に取り込めばさらに多様な「頂階内庭型住居」といったものが考えられる。（『新建築住宅特集』1995-8）

中庭をみる

● I-4／外庭型と内庭型
須賀川の町家

吉田伸司　福島・須賀川　鉄筋コンクリート造一部木造　3階
414.56m²／270.46m²／556.66m²
1996.4　篠澤建設工業
新建築

配置図

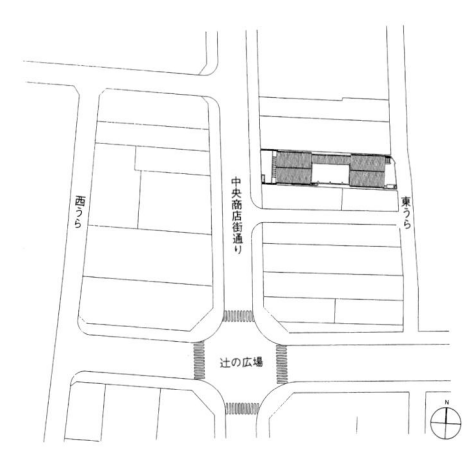

中庭の俯瞰

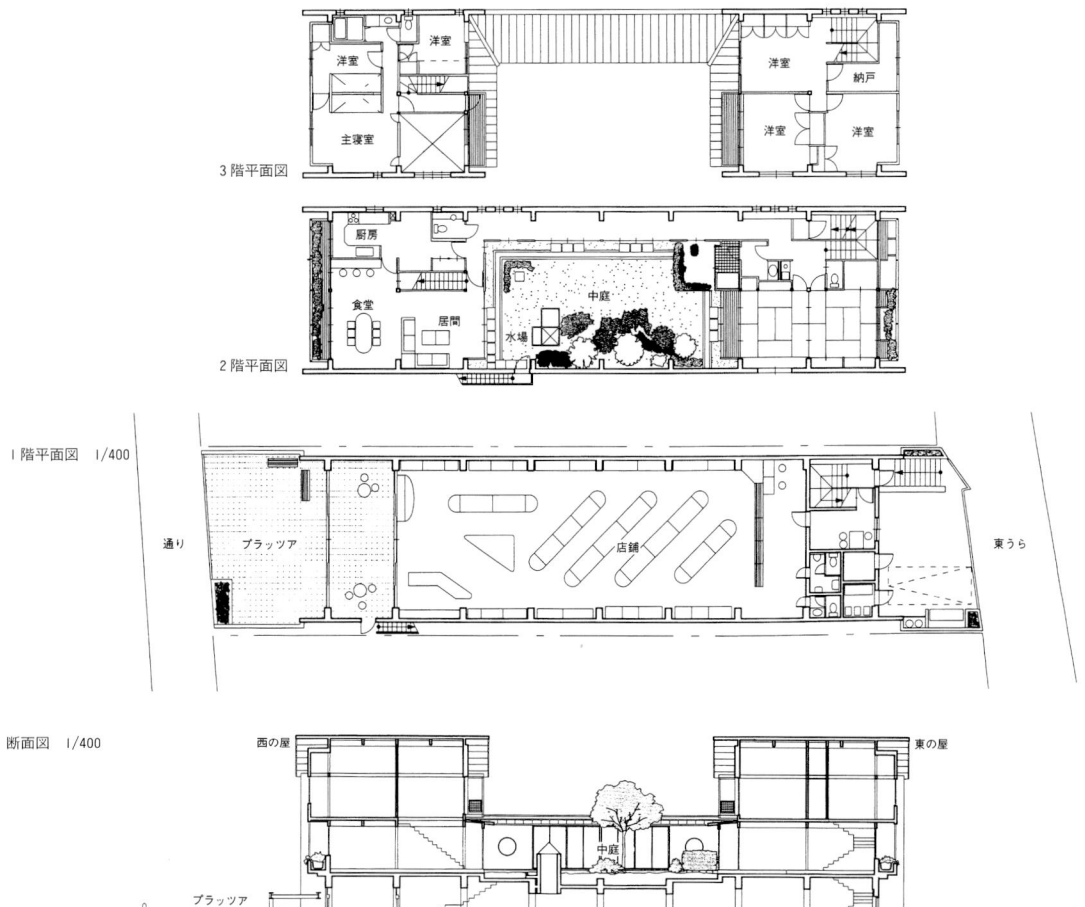

3階平面図

2階平面図

1階平面図　1/400

断面図　1/400

福島県須賀川は江戸時代から栄えた商業の街であったが、隣接する郡山が鉄道の結節点となったため、町の規模は緩やかに変化しながら落ち着いた風情をもって経緯してきた。しかし近年郡山が急速に拡大し、国道4号線沿いの大規模商業施設も増え、須賀川も全国どこにでも見られる中心商店街の空洞化が目立ち始めている。市民は町の再構成に積極的であり、その具体的な現れの一つとして中心街路の再構築事業が現在進められている。街路が拡張されればそこに面する町並みは一変するが、全体的に一つのデザインコードをかけて規制するところまでは至っていない。地方都市の特色を模索する多くの努力がつづけられているが、一つひとつの建物のほうが短い時間で建ち上がっていく。地割りはほぼこれまでの規模を継承しており（ほとんどが短冊型）、拡幅されつつある南北600mの街路両側にいわゆる現代の店舗併用住宅が建ち並んでいる。そこに共通する建築的要素を見い出すことはきわめて困難であるが、それはまた日本のひとつの姿であるともいえる。強いていえば1階店舗の開口部の大きな比率、妻入り（ただし、看板のためフラットに見えるものが多い）、横長のプロポーションの窓といったところであろう。

この町家は、このような商店街の一角に建っている。10m×40mと細長い敷地で西側に表通り、東側に「東うら」と呼ばれる脇街路が接している。木造の母屋と倉が細長い敷地に建てられて不整形の中庭がそれらをつないでいるという伝統的な建て方であったが、店舗面積の拡大を考えて「内庭型」の立体化を試みたものである。店舗には壁や柱が極力少ないほうが好まれるので、長手方向を壁として3階まで立ち上げ、短手方向は細かなリブ状の壁を配し、全体をRC造と木造の混構造としている。これらによって2階につくられた中庭には300mm〜600mmの深さに植土を入れ、地上と変わらない状況を生み出すことができる。複合家族であるため、東西に同じ大きさの住居が相対し、その間を廊下で結ぶ。2階以上の平面はほぼ伝統的町家の構成に近いが、そこが接地階でないことおよび中庭を挟んでいることによって、住居の開放面が特に増えている。また一層もち上げたことによってアクセスが変わり街路との関係も変わってくる。「東うら」はサービス道路であり、住居部分へはそこから階段でアクセスするが、本来は路地ともなり得る南隣接地との隙間を使って、西側表道路から中庭への直接アクセスできる階段をつくっている。中庭はこれから楽しみながらつくっていくスペースであるが、今まで使ってきた井戸をここまで上げている。またこの地方は夏の西風が恒常的に吹き、通風をこれに頼ることが多かったが、立体化したことによってプライバシーを守りながら、この恩恵を十分に受けることができる。これらのことはすべて立体化したことによっておきたことがらであり、町家の新しいひとつの型になり得る可能性をもっていると考えている。この町家は「町家型街区プロジェクト—須賀川」の一つの原型となっている。（『新建築 住宅特集』1997-11）

中庭

第二章　境界要素の構成

　第一章で説明して来た空間の構成の方法は実際には領域を形成することにつながっていくのであるが、もしそうすると建築の具体的構成要素として、その境界がどうつくられているかということが問題になっていく。要素の役割からその素材そしてそれらの間の関係、おさまりといった建築固有の分野に次第に入っていくのである。そのような分野を構築的なものというように理解することが出来る。

　例えば石と木という素材の組合せによる建築を考えた場合、石がすえられそこに木が建つ、又は石が積み重ねられ、そこに木がわたされるというかたちが自ら生まれて来る。そのような素材、架構相互の関係は基本的に規定的であるということが出来る。金属との関係も又同様であろう。建築の要素がもしそのようなものであり、境界を構成することが一つの役割だとすれば、各要素の相互関係に関心が集中するのは当然である。床、壁、柱そしてフレーム、そこに屋根をどう架けるかということが一つの大きなテーマである。

1 ーパーティウォール（共有壁）

　いくつかの住居がある敷地に集合してつくられる時、そのかたちをきめる要素としてとりあげられるのは、一つにはその時代の社会的、技術的要素であり、一つにはその土地の気候風土であろう。集合住宅の歴史をひもとく時、古代ローマのインシュラ(*1)を原型としてヨーロッパの各地に建て続けられた建築の流れが一つあげられる。そしてその流れに重ねるように近代イギリスの社会状況（大衆社会、都市社会）からの要請をうけて、科学的原理をも織りこみながら構築された近代建築としての集合住宅がある。そのような状況を日本はどのように受けとめて来たのだろうか。これも又同潤会の歴史と日本住宅公団のプロトタイプをみれば明らかである。前者はヨーロッパの諸都市で伝統的に成立して来た集合住宅を、近代の波をうけて発展しつつある当時の日本の状況がこれをうけとめてつくったと考えられる。一方後者は戦後の日本の状況を充分意識してつくり出されたものであるといっても良い。具体的に日本的なものと言えば、南面平行配置、たたみの部屋、ふすまによる空間分割である。nLDKのかたが強調されているがむしろそれは国際的なものである。この他にもバルコニー、引違いの開口部など欧米と異なるものがあり、それはそれで日本の社会に受け入れられてきた。戦後の日本の建築家たちが集合住宅に手をつけ出す時は少なくともこの公団のタイプが出発点にあったといえる。70年代に入って低層集合住宅の良さも見直され多くの実例がつくられてゆく。私が集合住宅をはじめて設計したのはそれからしばらくのことである。

　出発の一つは江戸時代の長屋の展開であり、一方建築的に参考になったのはイギリスなどに多いrow house(*2)である。これが東西につらなれば南面性、南北の大きな開口部確保、当然のごとく接地性などが容易に実現できる。一部3層を挿入すれば容積率も100%は確保できる。南北の開口部を十分にとるには一方向に壁、一方向をラーメンとするWRの構造をとる必要があるが、パーティウォールの意味はここで極めて大きな力をもっていた。単純であるがこのような住戸の一列連続集合のかたちはやはり一つの原点である。

　row houseを5戸という小規模で実現した「野毛

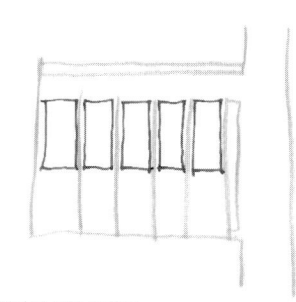

野毛テラスハウス　　　　　　　　　ガーデンハウス湘南　　　　　　　　　　　　　　　星田アーバンリビング

テラスハウス」はこのようにして出発した。次に、20戸/3450m²という敷地条件のなかで地形に合わせて連続したrow houseが折れ曲がって広がっていく具体例「湘南ガーデンハウス」が実現する。しかし原則は低層連続、前庭と後庭をもつこと、南面性を重視し、通風のため南北方向に大きな開口部をとるという点で前者の例と変わっていない。住棟が折れ曲がることでプライベート・コモンと呼べるようなひろばを確保することができた。いずれにしてもこのような展開は2、3層（或る場合には4層も入って）の密度で考える時、様々な土地の条件に適応することができる汎世界的なタイプと言える。そこにその土地の風土、社会的条件、時間的ファクターの導入などが考えられて、街のなかに無理なくはめこめられていけば、永く生き続けていくことができよう。

ではそのためには何が必要であろうか。一つは共通の要素によるまとまりであると考えて良い。物理的に言えばパーティウォール（共有壁）が全体をコントロールできる要素としてあげられる。それは住居の隣接条件を規定する基本的なものであり、ある一定の大きさを決めて住居のその範囲内での変化だけを許容するというものである。そしてこの共有壁は本来的に自立するものである。ということはその間につくられる住居が時間の経過のなかで変質していく時隣接する住居に影響を及ぼさないということである。取り壊しも許されるということである。しかし実際には自立壁にすると経済的負担が非常に大きい。したがってヨーロッパでは共有壁は建物と一体化してつくられて来た。厚い壁であればある範囲のなかで建替は可能である。隣接した住居との間に隙間をつくらない構造が、これからの日本の都市住宅のなかに根づくであろうか。これは一つの大きな問題である。

共有壁が住居の集合体をまとめ上げる一つの要素であるということは、それによって当然全体が規制されるということである。しかし住居自体には或る程度の自由な構成が必要であり、改変も他に影響されずに行いたい。このことが基本的にのりこえられないと共有壁は仲々定着しないであろう。ごく自然に考えると自立した共有壁があってその間に住居のスケルトンが入る。両者は構造的に一旦切れていて多様なジョイントで結合されている。スケルトンの改変は共有壁に対して自由である、という構成が考えられる。ただこのようなかたちを社会的経済的に成立させるのは極めて困難であるにちがいない。

集合住宅だけではないが、それ自体のなかに時間的ファクターをとりこむことは又街並の形成にとって大切なことである。それは第一に耐久性の高い軀体を必要とする。いわゆるスケルトンが長い生命力をもつ基盤をつくり、それに第2次或いは第3次的要素が附加されて機能を満たすという考え方である。「星田アーバンリビング」のコンペでは土木的要素を建設の第1次フレームとし、その上に第2次フレームとして木造＋RCで住居を建設する案を提出した。このようなかたちを谷あいにつくろうという提案はそれ以前に"Nega space in Valley"として提出している。それは或る面でみれば一種の廃墟である。第1次フレームは時間の進行を逆にすればそのようなかたちに戻るのは当然のことかもしれない。かつての伝統的住居のなかで再生されてきた障子の張替え、畳表替え、屋根の葺き替え、更に建具の入替え、はれとけのファサードの変化といったものは

佐久の家　　　　　　　　　　　　　　　　　湯河原の家

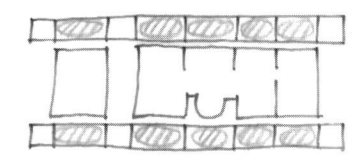

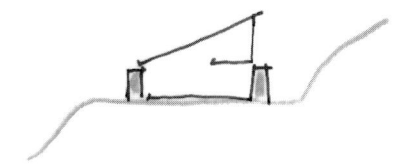

いずれも時間的ファクターが建築のなかに組み込まれていたかたちである。そして、そのような変化を可能にする装置を現代建築のなかに組み込むことはそう難しいことではない。建具を外壁と考えればそれも又必要に応じて変化する。要は長い時間に耐えうるスケルトンが何であるか、その時に共有壁が第一次的フレームとなることが出来るか否かが問題になる。建築のスケルトンが第一次的フレームとなり、そのあるまとまりの間に空間のあきがあって相互にゆるやかに規定し合う関係をつくりだすとしたら、それは実体はないがスペースとしての境界要素をつくり出していることになり得ているのではないだろうか。それがこのようなあきに対する新しい評価でもある。

2－内外空間の境界　フレーム・スクリーンの架構

歴史的にみて日本の住宅は母屋を基本形とし、その四周に庇をまわし内部空間と外部空間をむすぶ重要な領域としてこれを発展してきた歴史がある。気候風土からみてもこれは極めて自然なそして賢明な創出物であり、他の地域に例をみない特色をもっていると言える。現代の日本の住宅のなかに戦後多くの情報が流入し、それによって大きな変貌をとげていったのだが、このような内外の中間領域の創出に関してはこれを更に積極的に展開するのではなく、むしろそのような領域そのものを減らし境界を単純化する傾向すらうかがえるようになった。このような流れを加速したものに都市内部の高密化、プライバシーの確保などがあろうが、改めて日本の住宅を考える時再びこのような領域の積極的な創出に心を配るべきであろう。

中間領域の形成にあたってはそれを物理的に確保できる架構が先ず必要である。縁側の空間は母屋をたよりとして張り出した構造であるが、更にそれを半独立から独立した架構へと展開していく必要がある。母屋即ち内部空間のまわりをとりまいたり、母屋同士をつなげる働きをしてきたものに廊がある。屋根があり柱だけでこれを支える吹き放しの空間である。これは全く自由な形態をとることができる。従って母屋からはなれて独立し外部空間のなかにそれだけによる空間形成を果たすことが可能なのである。このようなものを多様に発展させて現代の材料とかたちでつくり出すことは、単に住宅のみならず多くの建築そして都市に向かう空間形成として極めて重要な手法である。

住宅の作例としてはこのような架構を「湯河原の家」から始めている。細長い敷地は一方で開けた谷側、一方に閉ざされた山側が連なっている。母屋の断面の両側にこれらの外部空間に対する中間領域がフレームの架構として形成されているが、この例ではそのつくり方はそれ程積極的ではない。だがこれらのフレームは常に開口部とかかわり合う。このようなフレームのなかには内外の条件に合わせて様々な開口部が用意されることが望ましく、その開閉のメカニズムを容易にし収納の役割を助けることもこの架構にとって大切な機能である。そのようなきざしがこの例にはあらわれはじめている。続いて独立したフレームの架構を試みたのが「佐久の家」の例である。ここでは架構はRCでそれ自体自立して南北両面に立っている。当初の計画では住居の四周全体にまわっていた。この間に木造の住居が建つのである。RCのフレームは木造部分の水平力も一部吸

収している。RCであることは又庇がなくてもある程度の耐候性があることである。又屋根レベルの利用も十分に考えられる一種の混構造の要素ともなっている。展開の仕方によって母屋の庇下空間の形成という二次的役割から、母屋と対等で別の特徴をもった空間となることが可能なのである。又この例では開口部の建具をこのフレーム架構のなかに収納し、母屋の空間を最大限外部に開放することを試みた。

この二つの例をベースとしてその後木造の住宅に応用した三つの例「善光寺の家」「足利の家」「小川町の家」がつづく。これらの住宅は立地条件や規模が異なっているが外部空間との対応の仕方には共通の考え方がある。外壁の開口部の状況、方位、外部空間の性質などに大きく対応しながら必ずしも四周全体をまわることなく、必要なところに附加していく。又外壁からはなれたり、建物をはなれて外部に伸びたりと自由にそのかたちを変えている。又素材についてもフレーム架構自体の庇が大きい時は木柱を、それが小さい時にはコンクリートパイルによる円柱を適用し屋根もこれに応じて変化させている。しかしこれらは基本的にはフレーム架構であり、ここに様々なスクリーン又はパネルなどを架設することをもう一つの目的として考えている。これらのものは季節によって又はその日の状態によって或いは、はれやけの日によって変えることができ、それによって住宅の外貌も一変するのである。

このような住居が多棟形式になると、この中間領域は更に多様な展開をする。伝統的な例も含めてみると、その一つに農家の住居構成がある。母屋、隠居、土蔵、作業場、納屋などが同じ敷地内に必要に応じてそれぞれの場所を占めて建てられる。それら

差掛け（福島県須賀川市仁井田集落）

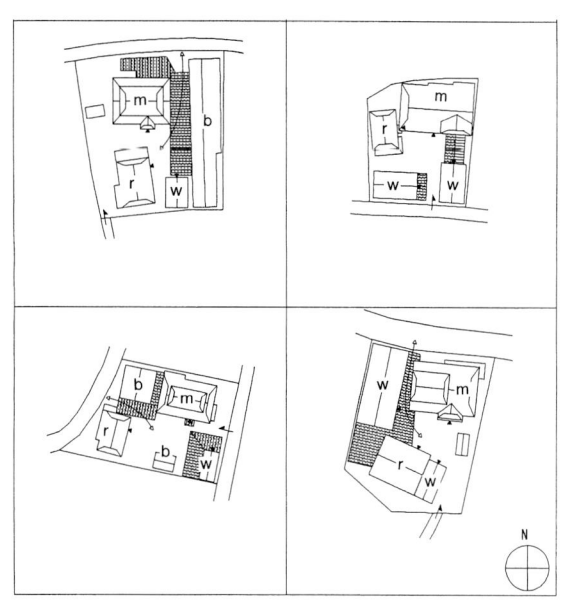

m：母屋　r：隠居　w：蔵　b：納屋
　差し掛け

の建物にも夫々庇下空間があるが、それらが相互に深い関係をもち、農家として全体的に機能していく場合、それらの棟をつなぐ架構が必要となってくる。それが「差掛け」である。本体から片流れの屋根を柱でうけてつくられる。多くは吹き放ちであり、仮設的なものも多く、拡げられたり取り外されることもある。このような附属建築のはたらきによってはじめて全体が相互に一体化するのである。このような伝統もこれからの住居更には住居群に展開され、そして機能の異なる建築の群構成のテーマへともつながるのである。

このフレームは或る場合には気候調節の装置として日照調整、風雨からの防御の役割を果す。更には異なった建築の表層を相互に結びつけ合いながらゆ

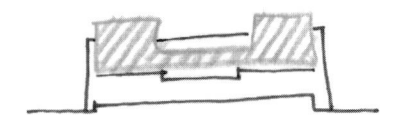

須賀川の町家 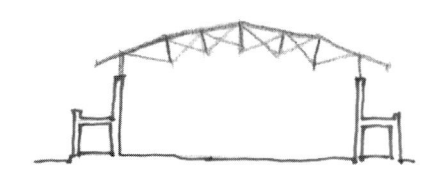　　　　　　　　　　　　　須賀川市稲田地域体育館

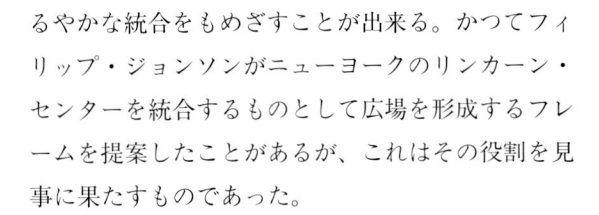

るやかな統合をもめざすことが出来る。かつてフィリップ・ジョンソンがニューヨークのリンカーン・センターを統合するものとして広場を形成するフレームを提案したことがあるが、これはその役割を見事に果たすものであった。

3―基盤・壁＋木造

　世界の民家を構造別にみると、木造と組積造の間に両者の混構造があり、その比率が非常に多いのに気がつく。これは素材の入手にも関係しているが構造的有利性、並びに防禦上の機能がその一つの理由になっているであろう。全体の架構は屋根や床を考えると木造の軸組による方が自由な形態に出来るが、外壁は石やレンガを積んで水平力に対応すると同時に耐久性、耐火性等を確保することは自然の成行である。ほとんど木材が入手出来ない地域や逆に木材のあり余る地域を除けば、このような混構造が大きな部分を占める。日本では基本的に何から何まで木造で通すけれども、このような混構造の多様なかたちの民家に接してみると、材料の特性を場所なりに生かしながら架構をつくり上げるのも極めて興味深いことであるのに気づく。

　一方、地盤との関係で高床式でない民家の分布も多い。この時、住居の床即ち基盤は石又はそれに準ずるもの（土、その加工物等）となる。湿度の問題を回避出来ればこの基盤から壁が立ち上り屋根がかけられることになる。これを現代の住宅に移しかえると、地盤との関係をコンクリートによって造形し人工的な状況を設定する。街路や隣地など外部の境界との関係も又コンクリート壁によって設定し耐久性、耐火性を確保する。もし基盤の上にもう一・二枚床を重ねる必要があればそれもコンクリートによって架設し二次的基盤を構成する。そのように用意された架構をたよりにして木造などで二次的壁・屋根・その他の造作もしつらえるという、構成が導き出されはしないだろうか。現代都市住宅の混構造は、その必然性を追いかけていくと、世界の混構造の民家と深いつながりをもつのではないかと考えられる。とくにトルコなどの民家は明らかにそれを例証してくれる。トルコの都市を歩いてみると、伝統的な民家と現代建てられた集合住宅や他の中規模建築との間に大きな落差がないことを感ずる。その原因の一つは伝統的民家が基本的に混構造であって、現代の建築はRC造が多いが、基本的架構の考え方はあまり変わっていないからである。開口部のとり方にせよ、屋根のかけ方にせよ、大きなちがいがそれ程みられないのである。その点日本の都市に目を移すと、木造による架構の仕方とRC造のそれとでははっきりした断絶がある。都市的状況についてみれば両者ともに同じ環境にあるにもかかわらず、その間が不連続であるということは、都市の景観に大きな不調和をもたらしているのである。

　木材とRC造とによる混構造についての例は第一章ですでに触れた「須賀川の町家」があるが、この住宅が混構造として成立していった経緯については以上のような理由がある。隣地に対して壁、それも自立壁に近い壁を設定しておく必要がこの都市的条件のなかから生まれていることが先ず挙げられる。とくに耐火性を考えると最も良い選択である。これは独立住宅なので壁は共有壁にはならなかったが隣家との間の隙間を避難や上階へのアプローチ、換気などのスペースとして利用することが出来る。床に

島上寺

ついてみれば土を入れ緑化して地上の土地を再現するためにRCがやはり最上の選択になっていく。この界壁と2階床が結びついてRC造としての枠組が成立し、それに対して木造の架構がつくられていくのが、ここでのストーリーである。

第2の例は「稲田地域体育館」であるが、これは屋根以外をRCとしている。壁上部までは水平力を含めてRC造ということで成立させ、屋根は木材を主としたハイブリッド構造でこの上にのせている。鉄筋コンクリート・木（集成材）・スチールという素材を夫々の適応した場所に組みこむことによって大空間を成立させてくれる。「西袋中学校体育館」では木造の屋根架構は異なっているが、全体の考え方はこの延長線上にある。

第3の例は「島上寺」である。ここでは半地下の集会室がその周辺に半地下のオープンスペース（石庭等）を伴ってつくられているが、これは地下ということからもRC造でないとうまく成立しない。地上より少し上ったところに本堂があるが、ここまでがRC造となっている。又地階から1階内法までRC造の4本の円柱が建っている。このように地下、1階の基盤、そして柱という要素がRC造として形成され、いわゆる下部構造をつくっている。ここに木造集成材による立体トラス方形の大屋根がのせられているのである。庫裡（RC造）も含めて島上寺全体がこの大屋根の下に統合されている構成であるが、これを形態的に明確に成立させるために、RC造による下部構造と4本の円柱がつくられているのである。これらの例は住居ではないが、大地との関係・開口部や壁による周辺状況への対応のなかに混構造としての特徴がいかされているということができる。

4 ー開口部・建具

内外領域を具体的に仕切るものとして開口部と建具がある。はじめは人の生活を防禦する道具として歴史と風土のなかで様々な展開を続けて来た。内部と外部との関係を様々に変えることによって人の生活は複雑なかたちをとることが出来る。人は多様な環境と大勢の人間の関係をたくみにコントロールするものとして開口部や建具の創造に大きなエネルギーを注いで来たのである。或る時代には開口部そのものが建築のミニチュアとして即ち建築を象徴するものとしての役割をもたされそのようにつくられたこともある。更に開口部はその本来的性格として受容と拒絶の両義的側面をもっており、そのために極めて複雑な対応を建築の要素としてもたされているのである。

近代建築のなかで開口部は次第に大きくなり透明化してきた。それは又現代の建築の本質を明らかにするものであったが、一方ではすでに歴史のなかで様々に工夫されて来た多くの性質を破棄することでもあった。微妙なプライバシーの確保・覗きみるかたち・半透明な光と影などがそれらの要素であろう。そのようなこともあって私は設計のなかでとくに建具の開閉方式と格子戸などスクリーンと呼ばれる建具に注目して来た。開閉方式については一般的に言えば、同一の面内でそれが処理出来るものと、面外に建具がとび出すものとがある。前者は上げ下げ窓（ハンギング・ウィンドー）がヨーロッパルーツの代表例であり、引違い戸（窓）が日本ルーツの代表例である。後者は両開窓（ケースメント・ウィンドー）など多くのものがあげられる。上げ下げ窓は竪長の開口部に適しており、組積造のなかから生まれ

たことがよくわかる。又、引違い戸（窓）は日本で鎌倉時代につくられたとされているが、木造軸組架構の開口部である。どちらも現代まで長い生命をもちつづけている開閉方式である。開閉方式としてもし建具の種類が増えて多重な構成が必要になると面内で処理出来る方が良く、メンテナンスなどを考慮すると引違い窓が最も良い方式となる。従っていくつもの建具を内蔵してしまう日本の伝統的開口部と建具は内外の様々な状況に微妙に、しかも複雑に対応して来た結果生まれて来たものである。一般の民家でも障子戸、ガラス戸、雨戸、そして戦後網戸と四重の建具を使って来た。これは引戸でなければその開閉のメカニズムが処理することが出来なかったのである。このような多重な建具構成は又前述したフレーム架構のなかにもとりこむことが出来る。

格子に代表されるスクリーンは異なった文化的様相を、その土地の風土とともに色濃く反映するものであった。イスラム建築の格子にはイスラム建築の、中国の格子には中国の文化的要素がはっきりと表現されている。日本でも夫々の地域によって格子のパターンにはこまかな違いがあった。それが次第に均一化し幾何学的に単純化されていくのは、開口部が建築と同じ道をたどっていることを示すものであろう。更にスクリーンの素材は今後の研究・実験にまたれるものが多い。例えば通風のことを考えれば夏期には比熱の大きいものが適しているが、金属のスクリーンでは仲々そこを通過した空気を冷やしてくれない。木や竹のスクリーンは伝統的なものであるが、耐候性や耐火性をどう考えていくかが課題である。プライバシーの保護、盗難の防禦更には日照調整、そして群としての建築の立面の相互調和などを考えると非常に大切なものであることは間違いない。一方大きくなっていく開口部は開閉のメカニズムがより単純になり、一般的傾向として嵌殺しが多くなって来た。そして人の生活の複雑な様相に対応しにくくなっていく。人工的な局所気候の調整に頼ることが多くなり、内外は視覚的にのみ関係づけられるという不思議な様相を呈していく。建具のなかの建具とか、小さな開口部をつくることや多様な開閉メカニズムを増やすことは、それをつくるための材料も手間も、増々経済的に成りたたなくなっていくのであるが、内外の豊かな関係をとりもどすためには、今後再考していかなければならない。

最近少しずつこれらの状況が変わって来たことを示す建築があらわれつつある。一つには気候に対する開口部のコントロールへの技術的努力がみられることである。これは省エネルギーと結びついて不可欠なことであり、建築の表情もそれによって変わっていくにちがいない。他の一つは日本の伝統への見直しである。和紙・セラミックなどの素材への見直し、格子の見付・見込寸法、配列などへの気配り、建具の多重化と開閉のメカニズムへの関心などがあげられる。

5 ― 多様な要素の統合

空間を異なった内容によって領域に分け、そのための境界を形成することは、即ち建築をつくりだすことである。ある意味で人は絶えずこのような空間分化を行って来たのである。その分化の仕方は非常に明確なものから極めて曖昧なものまであり、それがどの程度巧みに組合されていくかが大きな問題となっていく。多くの要素が組み合されて都市的様相

を帯びていくと、今まで触れて来た様々な境界要素の組合せが必要になって来て、その統合という課題も又生まれて来るのである。

　このような建築的統合体の展開の例として、「ウルグ・ベグ(*3)文化センター」計画案がある。これは歴史的都市サマルカンドの中心地レギスタン広場に隣接して新しいモニュメンタルな建築群をつくろうというものである。プロジェクトのなかには極めて多様な都市的要素がふくまれている。ウルグ・ベグの記念建築物を中心にして芸術文化のための集会施設、資料保存及び展示機能、子供のための教育機能、研究者の研究居住宿泊施設そして聖域モスクなど実に広範囲である。更にこの計画はそれ自身の内部の関係性ばかりだけでなく、その外側にひろがっている既存の都市、そしてレギスタン広場のまわりの宗教施設（三つのマドラッサ）との関係をも視野にいれなければならない。これらの諸機能が相互に強い結びつきをもちつつ、且つ夫々独自の領域をもつような計画を実現するためには、いままで述べてきた境界を構成する多義的な装置が是非とも必要になってくる。この計画ではこのために二つの手法を導入している。一つは前述したフレームの展開であり、他の一つはレベル差による領域の限定である。レベル差による空間領域の曖昧な境界設定は、建築では床レベルの差となって大いに活用されている。今はバリアフリーなどであまりレベル差は歓迎されないが、これを失うと空間は単純なものになりやすい。これは当然都市的スケールについても言えることであり、シティウォールに代るゆるやかな境界としては大変有用なものである。レベル差によって或る程度領域は分離され、必要に応じて結びつけられるという両義性がここで保たれるのである。アテネのアクロポリスの断崖の地形の例をひくまでもなく、レベル差にもゆるやかな分離から明確なものまで広い幅があり様々な操作が可能なのである。

　更にこのような二つに加えて複雑な領域の構成を助けるものとして考えられたのが軸線の転換、樹林の領域、水路の導入などである。軸線の転換については古来から多くの例があるが、ハドリアヌス皇帝のヴィラ(*4)はその代表例であろう。この要素によってこのヴィラは極めて豊かな多様性を包含するものとなっている。この計画でも軸線はいくつも交錯し夫々の領域をまとめながら隣接する領域と関係づける働きをしている。又樹林は風景をつなぎ且つかくすものである。ある場合には季節によって粗密を変え境界の状況を変化させる。人の行為はこのなかであらわれたりかくれたりもする。この地域には雨季と乾季による水路の変化があり、それによって又領域の形成が変わって来るのである。更に橋は水路と結びつけられて分離と統合の良き手段として登場する。このような例として中国江南の庭園には多くの傑作がある。そしてこの計画で示されたように、境界を構成する多くの手段を併用することによって、都市のなかで実に多様な空間領域を夫々の特性を失うことなく一つのものにまとめあげる、即ち統合することができるのである。

6 ー移行する領域（アプローチ・門・塀）

　聖と俗という二項対比は人々の生活のすみずみまで支配していたし、その両者が同時存在することによって、生活の安定が保たれてきた。これらは言葉を変えれば、日常と非日常の世界であり、これら二

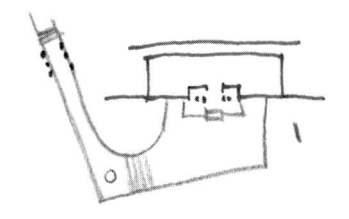

富士の納骨堂

つの世界の間の移行が顕在化してくる。この移行は一生に一度起きるものから、年毎のサイクル、季節ごとのサイクル、そして一日のサイクルのなかで繰り返されるものまで、極めて多様である。そしてそれぞれの移行もまた同様に多種多様であり、そのための装置もそれに従う。宗教建築はこのような移行の過程をそのなかで明示するために極めて重要な働きをするのであるが、そこでは異なった世界を限定する境界の構成が特に注目される。

物理的に極めて明確に区切られるかたちの境界から、一本の柱、一筋の溝のようにそれ自体の物理的性格は弱くても、明示性という点では厚い壁に匹敵するものまで、境界の構成要素は多様である。またそれはある共同社会のなかでの約束事である場合が多く、その時は成員以外の人々には無意味であり、それだけに象徴性が強い。極めて簡単な記号からイコン、モスクのアラビア文字、梵字等すべてのものがこれに加わって数多くの境界をつくり日常と非日常を分け聖と俗を分ける。

宗教建築がもし人と神（かみ）が出会う場所であるとしたら、先ず人の生活する日常の領域から何らかの方法で非日常の領域への移行が必要になってくる。いわば俗から聖の領域への転換がそこにはある。それはある一瞬に、またはある一つの境界を超えることによって、移行するというよりはいくつかの段階を経て経時的に変化していくことが多い。即ちtransitionである。それを表すものが具体的に言えば門であり、囲いであり、廊、その他ということになろう。さらには列柱、明暗の序列による至聖所への道筋、又は距離を超える「絶対的な」方角（イスラム教）などによって強調されていく。境界を設定

しそれをこえるものを用意しておくという手法が良くみられるのである。

墓もまたこのカテゴリーに入るものであるが、それと同時に墓を死者のための住まいと認識してきた歴史とそれをつくりつづけている地域がある。これは生者と死者の世界がつながっていることであり、墓の構成には両者を隔てつなげるための境界が数多く存在する。そしてこの二つの世界をつなげるための様々な儀式は宗教に裏打ちされていても極めて民族的要素の強いものである。決められた日に生者が死者と交流する風景は多くの場所で見られるが、墓の前にひろばをつくり、そこで食し歌い踊ることによって死者と交歓する風習は沖縄、韓国でみられ、それが韓国ではキリスト教と不思議に一体化しているのである。このようなシャーマニズムを含んだ民俗性は世界宗教とも融合し、それが墓や建築にも造形的要素を提供する。どのような死生観にせよ、生者は死者達の居場所をつくりつづけてきたといえる。いずれにしてもそれは顕在化した世界のなかで築き上げるものであり、そのために領域は区分されなければならず、どのように境界を構成していくかが常に課題となるのである。

墓は生者の家に対する死者の家であり、両者は基本的には相補関係にある。世界の様々な地域の広がりのなかからそのすがたを拾い出してみると、住居のかたちを原型として、それに対比的意味をあたえるべく変形したものであることに気がつく。モザブの谷(*5)のいくつかの都市にみられる「死者の街」の墓は住居やモスクのミニチュアである。このような死者の住居の領域は生者のそれと対比的であり、その間には何重にも重ねられた境界領域が構成され

ている。道は屈折し空間は多重に変化する。そのプロセスが生から死への移行のために用意されたものである。

　これらの構成についてはその地域の人々の時間的推移のなかで徐々に形成されていくものであるが、設計者が自らの体験のなかで様々な提案をしていくこともそれなりの意味をもつ。それらは具体的な領域の構成そのものであり、そして最も基本的なものであるからなのだ。具体的な設計のなかで言えば、「大韓基督教東京教会」では道路に沿った門と塀がそれを象徴している。塀は傾斜地に建てられているがソウルの秘苑の塀にも似てその繰り返されるリズムに強い境界の意味がこめられている。又入口の門は門型が二重になっておりここにも強いアクセントが示されている。全体の構造はRC造となっているが礼拝堂の屋根だけは鉄骨造である。ここでは2階床までと周辺の壁が鉄筋コンクリートとなっているが、そこから鉄骨の柱を建て屋根をかける。両側のRCの壁との間は構造の異なるジョイント部分であり、ここにトップライトがつくられている。これは大地から延びてきたRCの構成に対して、屋根をふわりと架けその不連続性を示すものとして設けられた空間である。この外壁には竪長の窓が規則的にあけられそこにイコンを型どったステンドグラスがはめこまれている。このような構成が合わせられてここに外部との結界がつくられているのである。これは又第3節の混構造の流れをくむものでもある。

　「富士の納骨堂」では更にこれらの境界要素が多重になって俗から聖への領域のtransitionを果たしている。道路からアプローチすると三重に強意をほどこされた門型があり、それをくぐるとアプローチの方向が直角に近く屈曲する。そのきっかけをつくるものとして床にフェニックスを刻んだ石がはめられている。方向を変えると正面に十字架が建つ。その前が広場であって納骨堂の前庭である。前面に4本の列柱が並びそこが一つの閾となっている。更にレベルが下がった床にその次の閾がつくられ納骨堂へと入っていく。これが多重化した境界構成要素である。納骨堂の背後にはすき間を介して一枚の壁が建てられている。ここで日常の世界と断絶を果すのである。

註
*1　古代ローマのインシュラ
古代ローマに於いて独立住宅（ドムス）に対して、数階建からなる借家住宅をインシュラという。1階は店舗で外観は煉瓦貼りだが、床、階段は木造で中庭形式が主である。
*2　row house
共有壁をはさみながら連続する集合住宅のこと。
*3　ウルグ・ベク
ティムールの孫（1393-1449）。天文学者として有名でサマルカンドには彼の建てた六分儀がある。ブハラには真の教育施設をつくりたいと願って彼が建てた最古のメドレッセがある。入口には「男性も女性もムスリムなら知識を研摩しなさい」という言葉が書かれており、驚くほど先駆的なウルグ・ベクの思想がよみとれる。
*4　ハドリアヌス皇帝のヴィラ
古代ローマ、ローマ市東方のティヴォリに建てられたヴィラで、二つの谷にはさまれた丘が西側にゆるやかに傾斜した敷地である。建築群はギリシア建築に心をひかれたハドリアヌス皇帝がかつてマウレタニア（モロッコ）からメソポタミア迄歩いた様々な土地の建築様式で建てられ、それを構成する動線がきわめてたくみにかつ複雑に交錯している。
*5　モザブの谷
アルジェリア、サハラ砂漠北縁、首都アルジェから600km南にある広大な陥没谷で内部に7つの丘があり、そこに都市がつくられた。旧くから隊商などの交易の中継地にあたり、なかでもガルダイヤの市場（スーク）は常ににぎわっていて有名である。

● 2-1／共有壁

野毛テラスハウス

グリーンバレー　東京・野毛　鉄筋コンクリート造　3階
704.0m²／260.1m²／667.7m²
1979.4　池田建設
松岡満男（新建築）

● 凡例
作品名
建築主　所在地　構造　階数
敷地面積／建築面積／延床面積
竣工年月　施工者
写真家

　敷地が東西に長い矩形で、東側で道路に接している。ここに5戸の連続住宅をつくろうという計画である。配置はきわめて単純に導き出されると考えた。1戸の間口は5mとちょっとせまいが、なんとかなる寸法である（一番奥の1戸だけがクライアントの希望で5.2mとなっているが、本当はこのくらい欲しい）。構造的にはラーメンだが、各戸の隔壁を自立壁のように扱うことによって、自由な断面が計画できるような試みをしている。両側の2戸が2層で真中の3戸が3層、その3階部分を南側によせると隣地に対する日陰などの影響が少なくなる。細長い平面では当然のことながら、北側南側の部屋が生じる。北側の居間は比較的落ち着けるし、南側のダイニング・キッチンはテラスとむすびついて活動的である。これらのスペースと玄関とは原則的に仕切られていない。しかし幸いにして敷地が道路面より1.2mほどあがっており、その高低差を利用してある程度の区切りをつけることができた。1階では南北の風がかなり抜けることになる。北面でのプライバシーの確保には格子戸や植栽が用意されているが、様子をみながらつけていくつもりである。
　テラスの各戸の隔壁の高さは微妙な問題であるが、一応1.8mとし、所どころに凹みをつけて目線以下にしている。ここには植栽をとりつけることもできるので住人相互で調節可能な部分である。外壁はこの地域の環境をも併せて考えて白の煉瓦タイルを堅貼り芋目地にしている。またこのタイルは内壁にもつかわれている。一番奥の1戸はクライアントの希望で他の住戸と仕上がりが異なっている。配置計画が単純なので、各戸の領域もかなり明確にでき、メンテナンスの分担にもあまりトラブルが生じないと思っている。（『新建築』1979-6）

南側外観　外壁　タイル貼り　コールテン鋼板

アプローチからみる

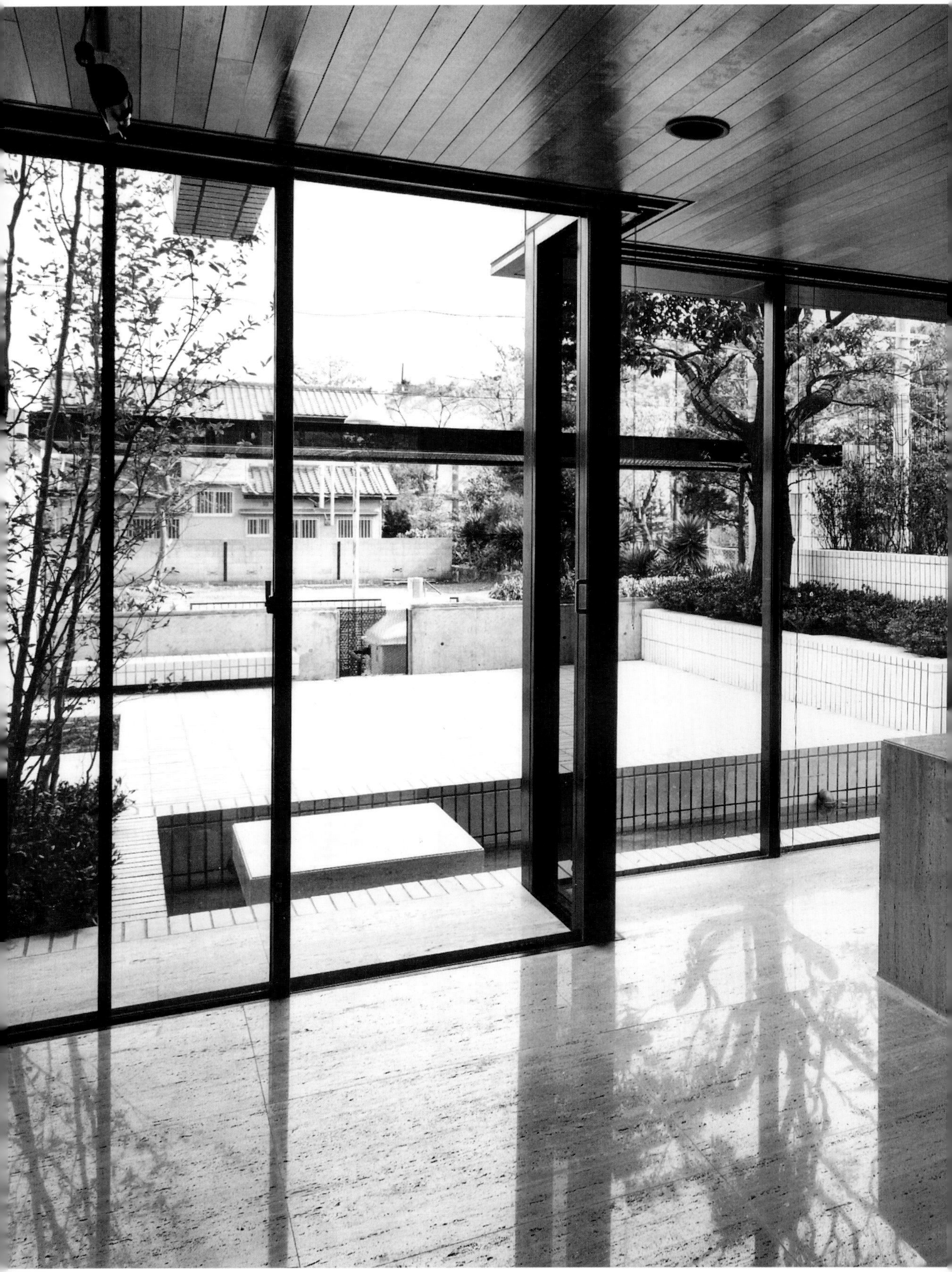

断面図 1/400

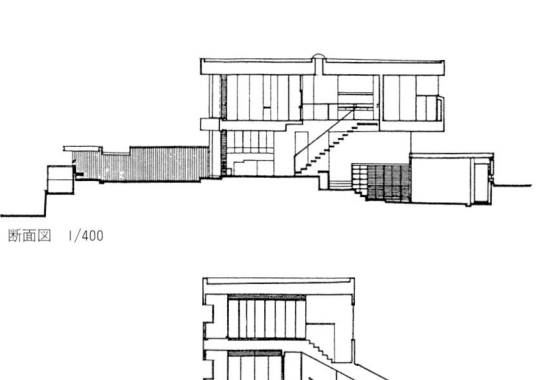

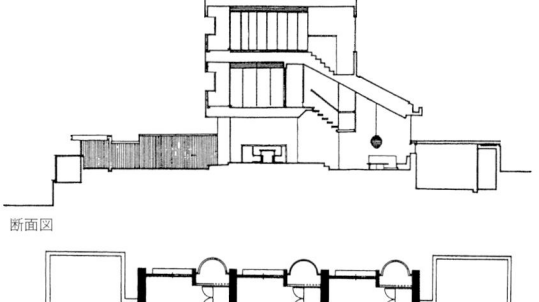

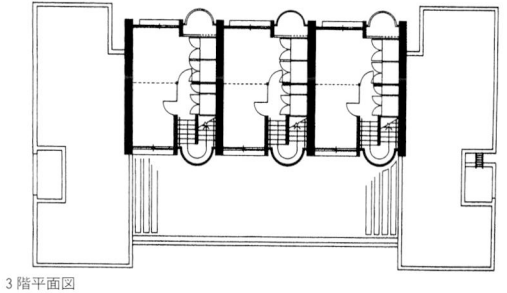

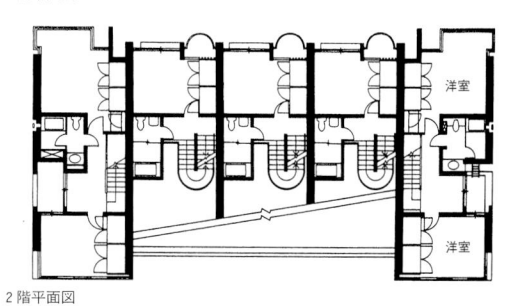

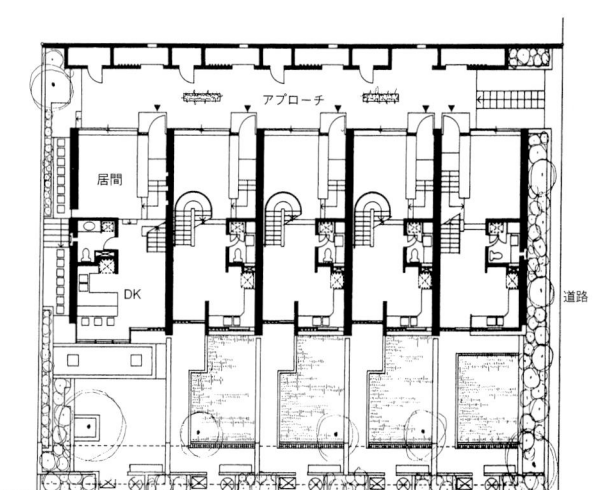

断面図

3階平面図

2階平面図

1階平面図 1/400

食堂からテラスをみる

● 2-1／共有壁

ガーデンハウス湘南

オフィス・リュウ　神奈川・辻堂　鉄筋コンクリート造　2階
3451.36m²／1308.45m²／2469.00m²
1987.3　熊谷組
上田　宏（新建築）

　辻堂東海岸は以前松林の続く浜であった。わずかに残された1,000坪余りの松林を伐るのは惜しかったが、大部分が虫にやられており、元気の良い松を極力残しながら低密度の集合住宅を計画すべく精一杯の努力をした。これはその結果である。伐った松の代わりに敷地の20%程度を緑化に当てた。樹種は主として、シラカシ、ウバメガシ、ボックウッド、サツキ、ハマヒサカキ、などである。戸数は容積率70%を目安に建主と協同作業で検討し、最終的には欲ばらず20戸とした。1戸は平均延床面積110m²、2階建てとした。当初は半地階、屋根裏部屋なども考慮したが、前者は敷地との関係から削除し、後者は使いやすさなどを考えて高所の収納場所に変えた。住戸は勾配屋根を持つものと屋上をもつものの2種類に分け、配置計画上変化のあるように恣意的に並べている。購入者は強く後者に興味を示したが、屋上空間をさらに豊かなものにすれば、全ての住戸に屋上があって良かったかもしれない。
　敷地が袋状になっているので、配置は当然囲い型になる。主たるコモン・スペースに松を残し、大部分の住戸がこれに面している。一方、北西側に1本歩道を設け、2方向避難を確保するとともに、コモン・スペースが全体を回遊するように計画した。日本の場合、方位によって住戸の平面が強く支配されるので、各戸のアプローチは同じシステムになっていない。しかし、各住戸に必ず前庭と後庭を設けるようにしてあるので、コモン・スペースにはさまれた住戸はサブ・アプローチを持っている。また、住戸の位置によって、日照、プライバシー、アプローチの条件が異なり、それに屋根のかたちも違うので、20戸で10タイプという多様なプランとなった。簡単な集会のできるスペースがぜひ欲しかったので、トンネル状になったコモン・スペースの上にこれを配置したが、それに接続する住戸は特に日照条件が悪いので、階上に居間・食堂を置いた。各戸の個別化は十分できていたが、さらに旗旒信号を模した練込みタイルを使って、ファサードに短いキャッチフレーズを表現している。コモン・スペースの床、入口のサイン、集会室の扉の模様も同様である。
　内部は極力購入者の希望に沿うよう考えていたが、工期後半にならないと入居者が決まらないので、付加的な部分にとどまっている。和室を洋室に替えてもよいよう準備したがひとりの希望者もなかったのは、この程度の規模だと広い居間が欲しいという現れであろう。逆に和室のある住戸での和室撤去一室化、勾配屋根の住戸で間仕切り撤去などの要求があった。これらのオプションによる工事は竣工後も続けられたが、基本的には分譲住戸15戸の全員と対応としたことになる。
（『新建築　住宅特集』1987-7）

コモンプラッツアをみる　コンクリート打放し　撥水剤

集会室をみる

プラッツアの石貼　旗旗信号をベースにしたデザイン

集会室　旗旗信号によるドアデザイン

住戸　ダイニングとキッチン

集会室

道路

コモンプラッツア

日時計

1階平面図 1/1500

連続立面図 1/1500

63

● 2−1／共有壁

TERRA1 ワルシャワ国際建築展
Nega space in Valley

ポーランド・ワルシャワ
1974.8

　建築は何を限定するのであろうか。何処まで限定しようとするのであろうか。何処からが建築行為であるのか。それを問うのはむずかしい。子供が海辺で砂山を無心になってつくるように、そこに人のいきる世界を想像しながらかたちをつくるのは楽しくまた本能的なものであろう。もし日本の山襞に刻まれた谷、それは日本の渓谷であるが、そこに石の変形物で——それはコンクリートであるが——、人の生活をいれる容器をつくるとしたらこんなものになるかもしれない、というプロジェクトである。これは群になっている。道であり、生活領域を示す共有壁であり、広場であるかもしれない。人の生活の受け皿がこんもりと密生した照葉樹林のなかに沈み込んでいる。(『建築知識 別冊』建築ノート4／1974-8)

● 2 - 1／共有壁

星田アーバンリビング・デザインコンペティション設計案

大阪府　大阪府・交野　敷地面積　2.6ha　88戸　1988.2

全体配置計画：本計画は21世紀に向かおうとする日本の、そして特に関西の地の住居集合を目指すものである。ゆるやかな傾斜を持つこの計画地には、三つの主たる道路がある。一つは全体をとりまく環状道路で、この内側には原則として車を侵入させない。第二は計画地内の等高線にほぼ平行な歩専道で、〈捲き道〉と名づけられ日常生活の主要な道である（幅員3m）。第三は等高線にほぼ直角な歩専道で、〈通し道〉と名付けられる坂道であり、ショートカットの役割をする。これらの三つの道路に加えて、二種類の流水路が計画されている。一つは勾配2％程度のゆるやかな流れで、これに〈流れ道〉が沿う。他の一つは勾配15％程度の速い流れの水路で、〈通し道〉がこれに沿う。計画地の住戸群は、環状道路に接続する駐車場を核として六つにグルーピングされるが、一方では上記の道と水路によっても、区画されかつ接続される。これは積極的に曖昧なグルーピングである。

流水路計画：ゆるやかな流れは川幅を変え水深に変化をつけて処々にワンドをつくる。ワンドには日陰をつくる高木を植え、フナ、ドジョウ、メダカを飼育する。又川岸にはヤナギを点在させる。

住戸群計画：駐車場は一種の玄関口であり小広場を伴う。ゴミ収集場所にもあてる。〈捲き道〉は原則として自転車とオートバイの進入をゆるすが、〈通し道〉〈流れ道〉は歩行者のみの通行とする。計画地全体は基本的には半永久的構造軀体で形態が決められる。それらは共有部分と専有部分に構造的に分離されるが半私的領域の融和をはかる。

住戸：各住戸はRC造による半永久的構造軀体と木造部分とにわかれる。前者は構造的に独立し隣接住戸との間は二次的構造体が挿入される。又このRC造部分によって歩道のフェイスともなる枠組みが形成される。木造部分が規模、間取り、形態に対して可変性をもつのは建設当初ばかりではなく、将来的にわたっても同様である。（『新建築　住宅特集』1988-3）

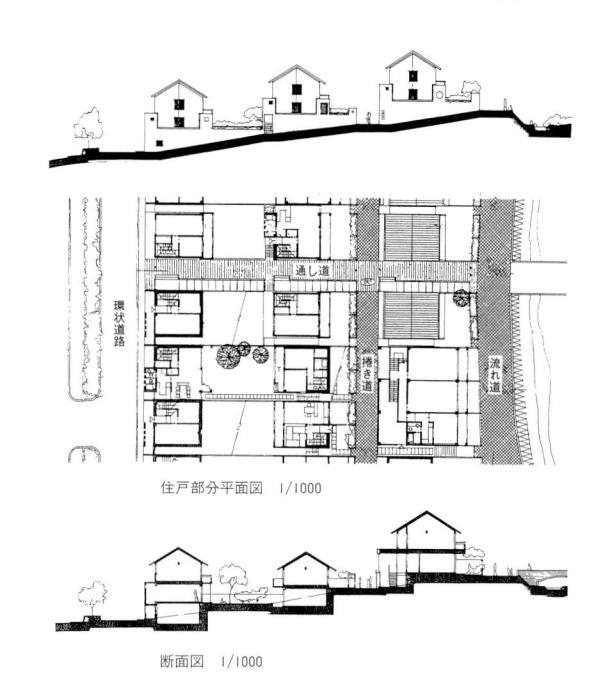

住戸部分平面図　1/1000

断面図　1/1000

配置図

●2-2／内外空間の境界
湯河原の家

天田　勇　神奈川・湯河原　木造一部鉄筋コンクリート造　平屋　一部2階
4,890.5m²／435.1m²／444.0m²
1977.12　池田建設
彰国社

　住宅を設計するときにいつも思うのは、木造とコンクリート造で、どうしてこんなにも違ってしまうのかということである。とくに、かたちという面を抽出して考える傾向がある昨今、これは大いに問題にしてよいことではないだろうか。一つには、材料からくる構造的制約をかなり乗り越えた面がたとえあったとしても、まだ本質的なところで差異があるということが考えられる。もう一つは、材料の風土に対する特性の違いが歴然としてあるということだ。さらにもう一つは、私たちがもっとも問題にしなければならない伝統的な側面であろう。これは人間臭く、なかなか手に負えないという感じのものである。以上のことをふり返ってみれば、前二者については、かなり理詰めに考えている問題であろう。再び論議したいし、またされるべきだと思う。

　敷地は目の前が保安林で伐られる心配がない。藤木川は小さいながら、時には深い谷を感じさせてくれる。そんな景色を見ながら温泉に浸るのもよい。

　木造で平家。谷と山のかたちが屋根を決める。天然スレートも時間がたつと良くなるだろう。温泉のための風呂場をコンクリート造とし、極力低く押えている。木造で考えたことは、真壁と大壁の共存である。一般的にはそれらは平面的に共存することが多い。和室を大壁でという考え方もあるが、普通はどうしても平面で二つの要素がみだれ合う。またそんなところに、先にあげた伝統との相克が感じられる。このプロジェクトでは、それが垂直方向で共存している。内法はあくまでも水平に通した。内法を部屋によって変えたほうが良い場合には、床のレベルが下げられている。そういう方法をとっても、内法を同一レベルに保ちたかった。そして内法から下は、原則として、大壁が採用されている。雨戸、網戸、サッシ、障子と、まことに多種多様な開口部構成要素が現代の住宅に要求されている。それには、大壁以外に応えられるものはない。そして内法から上は真壁である。これにも本当は無理があるかもしれない。しかしこのプロジェクトでは、ガラスを嵌め殺したりしながら、原則を通すことに努めた。人はこんなことにどのような意味を見つけてくれるだろうか。

　屋根の片勾配は、先に触れたようにランドスケープのせいにしている。山側で垂直に下がってくるのも屋根である。ディティールはまだ始めたばかりで幼い。ただ幾つかの実験は試みたつもりである。真鍮の金物に魅せられたり、小さな開口部や建具の納め方、さらには、こまかな格子にひかれたりして、勉強をつづけたい。ある意味ではきわめて折衷的な木造であろう。外壁のグラサル（焼付け珪酸カルシュウム板）も、その一要素であろう。そして、日本の木造住宅からのささやかな出発であるかもしれないと、ひそかに思っている。
（『建築文化』1978-4）

南側外観　外壁　グラサル貼　屋根　天然スレート葺

廊下から玄関をみる　　　　　　　　　　食堂と居間

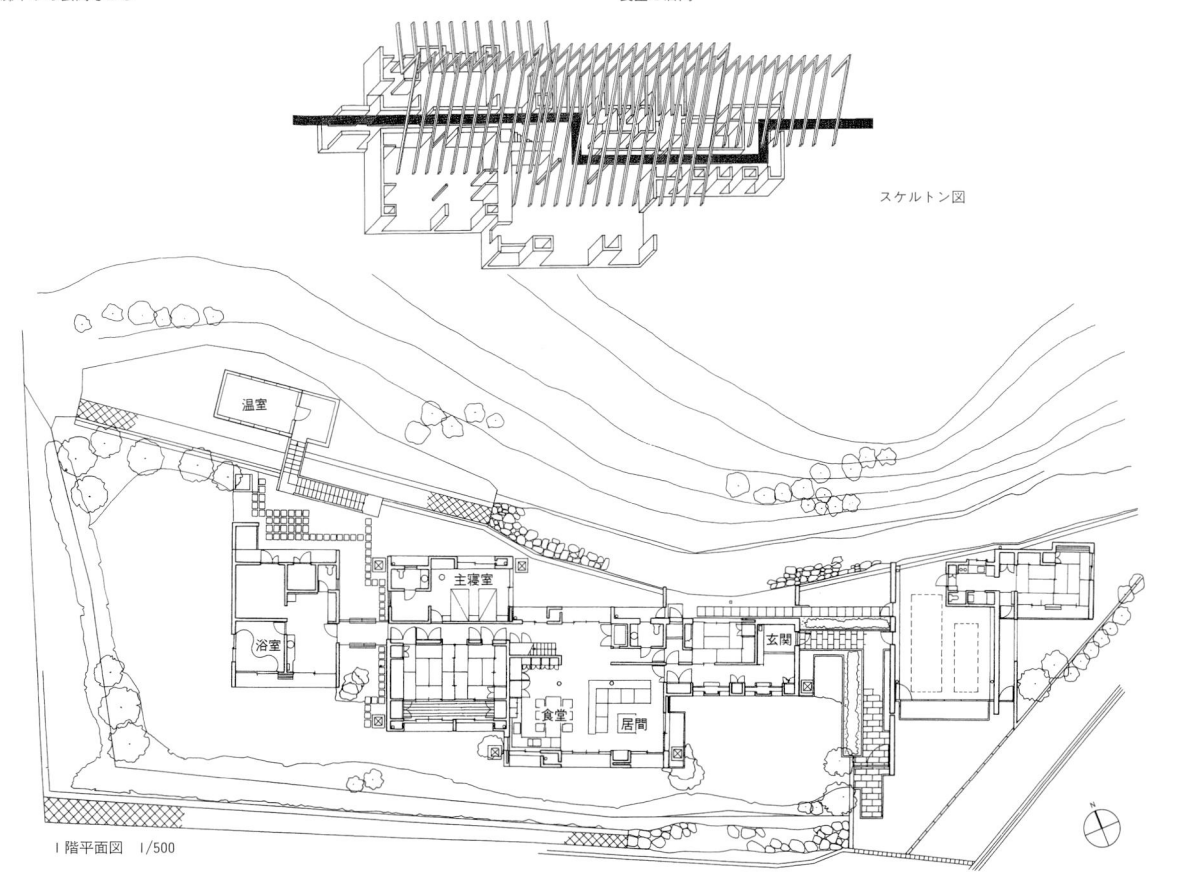

スケルトン図

1階平面図　1/500

●フレームのディテール

　建築に於ける内部と外部との間、即ち中間領域について、私は今迄多少なりとも関心を払って来た。とくに住居の場合、人間の細やかな生活に対応していけるだけの建築的配慮が必要であると考えて来た。またそのことは住居の外観を決める手だてとなり、ひいては街並みがどの様に形成されているかという問題につながるのである。

　この様な中間領域は、よく曖昧な性格をもって表現される。しかしそれはあくまでも抽象的な思考の過程での出来事であって、建築的に言えば、そこには実体が提示されなければならないので曖昧であることは許されない。移動するものの群、時間によって出現消滅するもののかたちは、狭義の現象ととらえて良い。そのような現象のたちあらわれる舞台が、建築的実体であり、それらによってつくりだされる風景が、或る意味で建築の外観である。その様なものをとらえて、曖昧な性格の中間的領域と呼ぶのは構わないが、私たち建築に携わるものが求めなければならないものは、舞台としての建築的実体なのである。

　その様な意味での建築的実体について、私はとくに住居の場合、枠組──フレームワーク（以下フレームと呼ぶ）が極めて有効であると考えて来た。それは丁度本と本棚の様な関係にある。本というものたちは出現し消滅しそして移動する。背表紙が示す文字の群は配列を変えながら、それぞれの小世界をつくり出している。

　第一の例は、佐久の家である。この三世代大家族の家は南面と北面に鉄筋コンクリート造のフレームがつけられている。従って柱梁の寸法は木造に比べて大きく、印象的には、このフレームという構造体に木造の家がまもられているようにみえる。しかしフレームの内側の柱梁は木造の内部に貫入し、それによって木造はその整合性を失う。即ち寸法（ディメンション）の衝突が起きる。おそらくそのあたりは充分なあきをとって、その衝突を柔らげ、混構造としての本来的な表現をとるべきであったと反省している。そのことはフレームの内側が洋室である場合にはさほど困難ではないが、和室になると極めてむずかしい。かくてこの方法は他日を期すことにし一度木造のフレームに戻ることにした。

　善光寺の家がそれである。フレームは木造本体から持ち出され、内側のフレームは本体の中に消失している。従ってフレームの大部分は庇とその印象は変わらない。中庭の部分などいくつかの小部分で、フレームであることを表現したにとどまっている。実質的には庇であるが、伝統的な木造の庇とできる限り印象を異にしたかった。このため柱は米松の4寸角面取りとし、柱頭、柱脚に金具を用い、梁をフレームの一番外側に露出させようと考えた。しかし梁の表現については、耐候性の上から当初の考え方に踏み切れず、僅かに軒樋をかねて軒鼻が梁の外側に持ち出されている。このことは木造によるフレーム表現の限界であると言っても良いであろう。もしフレームがそれ自身独立して展開していくようなことがあれば、木造の場合その表現が伝統的かたちからはなれるのは極めて困難である。

　もう一点、「佐久の家」と「善光寺の家」のちがいはその平面形である。それは或る意味でフレームが鉄筋コンクリ造か木造であるかによる差異でもある。「佐久の家」はフレームによって平面は長方形におさめられている。鉄筋コンクリートは柔軟に展開しておらず、南北面からこの住宅を挟みつけているとも言える。しかし「善光寺の家」はフレームの片側がすでに母屋本体の中に消失しているので、凹凸のある母屋の平面形に従って、ときにはその巾を調整しながらどこまでもついていく。このことは設計者の頭の中に、鉄筋コンクリートと木造のかたちの差異についての先入感が強く働いていたことを示すものと、今反省している次第である。これに対して後の二つの実例の中でさらに触れてみたい。

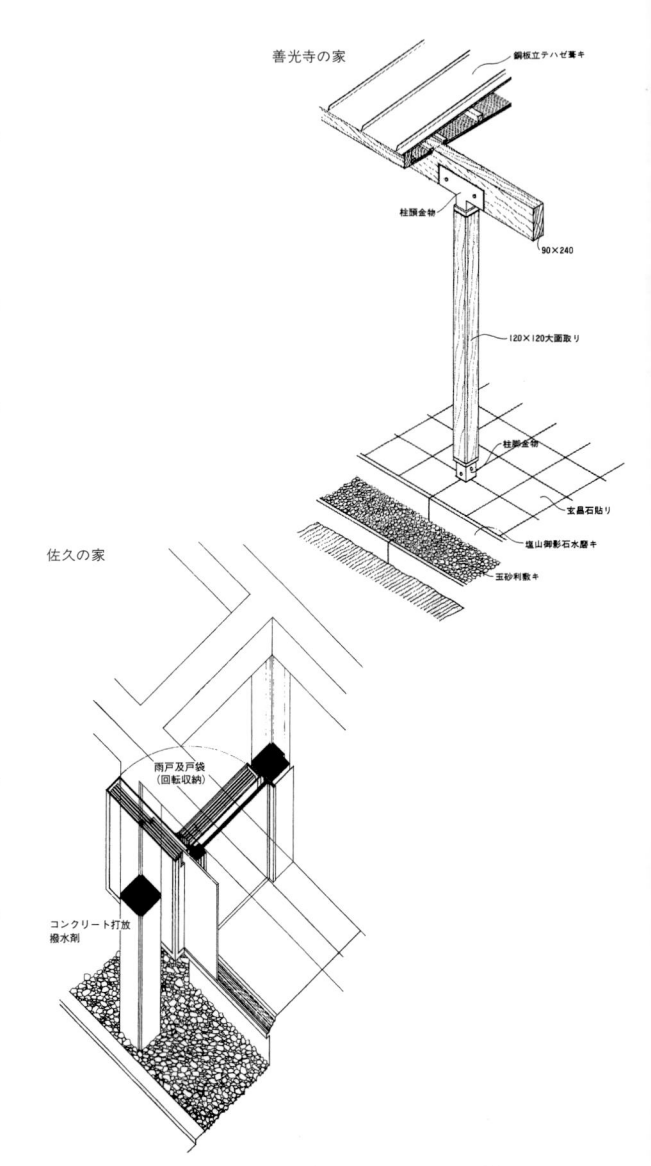

　これらの二例でフレームのかたちがその材料に深く関わってくることを痛切に感じていたので、次なるチャンスには先ず材料の選択に力を入れようと考えていた。完全に鉄筋コンクリート造の住宅であれば、その様な問題はおきないであろう。木造の場合やはり一つは寸法的に、一つはその自由な展開を確保するために、フレームは鉄筋コンクリートとしたくはない。しかし建築の最も外側を構成する材料なので、耐候

小川町の家

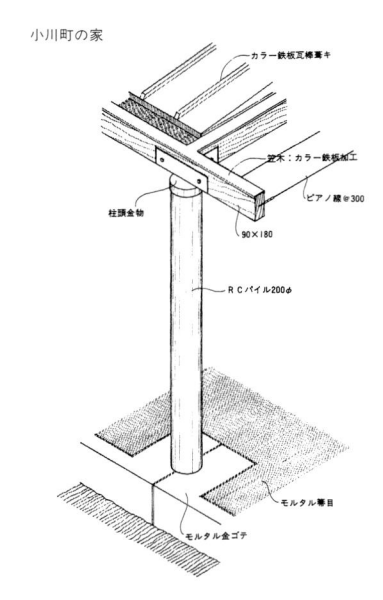

カラー鉄板瓦棒葺キ
笠木：カラー鉄板加工
ピアノ線@300
柱頭金物
90×180
RCパイル200φ
モルタル金ゴテ
モルタル等目

足利の家

半透明F.R.P.波板
笠木：カラー鉄板加工
柱頭金物
90×180
RCパイル200φ
コンクリート金ゴテ押エ
コンクリートコテ押エ等目
PC縁石

面に起因する。この住宅の南立面は三角形のペディメントをもつギリシャ神殿の構成にヒントを得ている。勿論プロポーションをはじめ、かたちや材料など全ての点で異なっているが、列柱はギリシャのイメージをひきずって来た。

この様なかたいフレームではあるが、RCパイルは一応構造的に自立しており、母屋本体との間にあるあきは様々なかたちでうめられている。それは居間の延長であったり、厨房前の日だまりであったり、寝室をまもる植込みでもある。さらに一部が玄関及びそのアプローチになっており、将来の計画として列柱が門迄伸びていく。未だフレームは基本形をつくりあげたばかりであり、二次的要素とも言うべきクロスワイヤーはとりつけられていない。冒頭で触れたように、ものたちがたちあらわれるのはこれからである。

さて、第四例に移ろう。足利の家は基本的には「小川町の家」の延長である。しかしいくつかのちがいがある。母屋中央部は木造大壁となっており、内部に露出している柱梁は主構成材として表現されたものである。また母屋中央部は立面的に非対称である（一方の屋根は4.5寸勾配、他は5.4寸勾配）。これは主として平面的な理由によるものであるが、その非対称性はフレームに大きな影響を与えることになった。「小川町の家」のように、等スパンで強引に母屋のまわりをつつみこんでしまう必要がなくなった。南側では2階のバルコニー下部で中断し、北側の従属部分の間では切れている。それはまた玄関からアプローチに伸びていくきっかけを生み出した。フレームは少しは自由な展開をはじめたと言って良い。もう一点ちがいを指摘しておきたい。小川町の場合フレームと母屋のあきの間に、居間や玄関などが展開していったため、フレームの屋根がその構造と曖昧におさめられている。足利の家ではこの様なことを一切なくしたため、フレームの屋根は半透明の波板を水平にかけるだけで済み、その構造が明瞭となった。ただしこのことは今後さらに研究していきたいことであり、母屋とフレームとの構造的分離、非分離の問題として、捉えていくつもりである。

母屋（中央部+従属部分）+枠組（フレーム）という構成による住居、というテーマについて、ここでいくつかの課題が私たちを待っている。フレームがRC造でかつ主体構造になり、木造が従属的構造になるという計画は機会があれば是非実例としてつくりたい。「佐久の家」でも当初考えていたが、全体的に地中梁をまわさなければならず、経済的にも成立しなかった。RCパイルの結果は施工上の工夫が残されているが、まずまずと言える。梁には屋根の雨仕舞とともにもう少し検討すべき点が残されている。フレームの自由な展開という点では「足利の家」を手がかりにしていけば、例えば二つの棟の結合といったことも可能である。

もう一つの課題が密度の高い都市内部の住居に於けるフレームのかたちである。私たちの実例はまだ極めて少ない。冒頭に述べた街並みと最も関わり合う部分である。住居の外観は街路の表情であり、それは多くの演技者を加えて時々刻々と変化する。その舞台として力を発揮するために、フレームのかたちはさらに求め続けていかなければならない。（『住宅建築』1985-5）

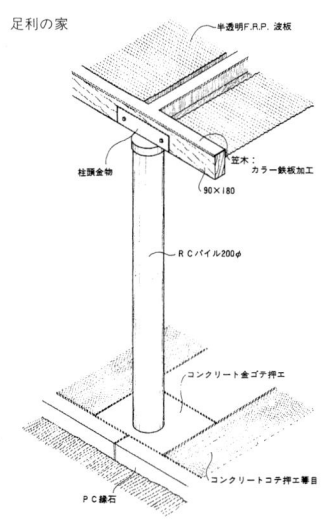

性のあるものでなければならない。そこで選ばれたのが、既製RCパイルによる柱と米松の梁の組み合わせである。

第三の例は小川町の家である。母屋本体から先に説明しよう。母屋も二つの部分から成り立っている。木造真壁による長方形の平面で対称な立面をもつ部分。これはこの住宅の中心的な部分を構成する。この中央部に対して、大壁構造で非対称な立面をもつ従属部分が組み合わされる。この内部は水まわりや階段であるが、そういう部屋の性格というより、中央部が含み得なかった部分がこの内容を構成していると私は解釈している。中央部は真壁であり当然軸組は露出しているので庇を持つ。従属部分は庇をもたない代りに屋根と同材のコロニアルを外壁とし耐候性をもたせている。これら二つの異なった部分が組み合わされているのが母屋であるが、そのまわりにRCパイルと米松を使ったフレームがとりまく。フレームの平面形は長方形であり、これは敷地よりほぼ30cm上がった基壇の上にのっかっている。フレームの柱列は南北面で4スパン等間隔である。この様にかなりかたいフレームを設定したのには理由がある。それは母屋中央部の対称立

● 2-2／内外空間の境界
佐久の家

臼田泰雄　臼田行孝　長野・佐久　木造一部鉄筋コンクリート造　2階
463.16m²／243.5m²／266.42m²
1980.2　大進建設
70頁上・72頁／栗原宏光・70頁下／岩瀬　泉

南側外観　外壁　しっくい　屋根　三州瓦葺き

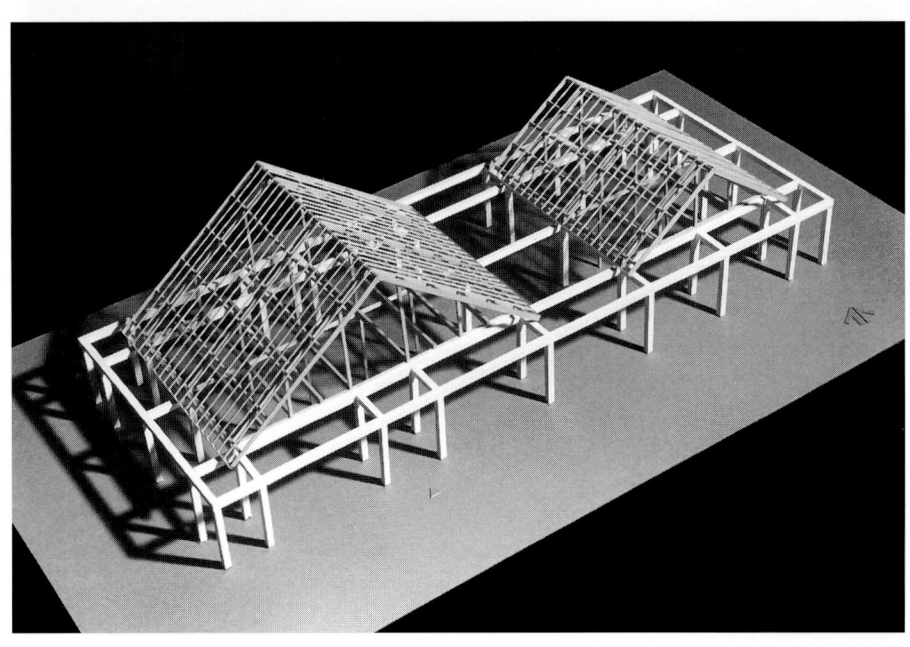

フレームの構造模型

1階平面図 1/400

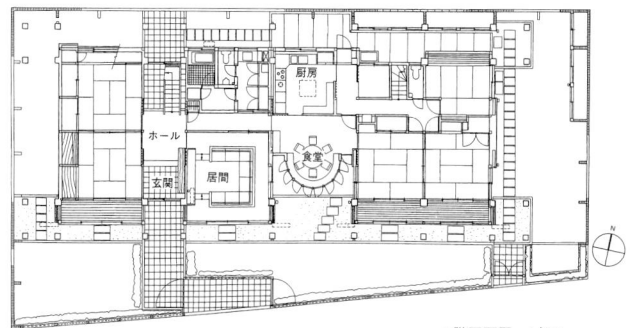

アクソメ

枠組をもつ住居

　私たちが考えなければならないことの一つに、開口部の扱い方の問題がある。とくに住宅の場合には、開口部に対する人間の要求は複雑で微妙である。密度の低い都市郊外の環境と、密度の高い都市内部とではそれらの要求は異なっているが、ともに複雑さという点では変わらない。かたちの上で開口部を単純にすることは、開口部に対する人間のさまざまな要求を大幅に切り捨ててしまうことだとは言えまいか。はじめは単純につくられた開口部でも、人は内部と外部との対応の仕方の中で実にさまざまなものをそこに取り付けだす。それらは季節によって取り外されたり、また付け加えられたりするのだが、そのような建築のいわば外皮の変化はある意味で極めて人間的である。大きな意味で建築が人の生活を包み込む器であれば、細かなところでもはみ出そうとする生活の道具をフィジカルに支えていかなければならない。それは強引にある場所に押し込めてしまうことではなくて、それらの道具の移動をある程度許しながら、かたちとして秩序づける方法を考えだしていかなければならない。

　佐久の家というプロジェクトを通じて提案したのは、上記のような要求に応えるための枠組みであった。本に対して本棚が用意されているように、できるだけ融通のきく枠組を住宅に用意することができるかという問題である。そして次には枠組の中にとりつけられるものが一時的なものであれば、枠組はイメージとしてもできるだけ耐久性があるほうが良いであろう。それはまた、フィジカルに私たちの目を納得させてくれる。壊れやすく傷みやすいものは、より壊れにくく傷みにくい容器や枠組の中に入れられるべきである。

　鉄筋コンクリートのラーメン構造は、上述のような考え方に対する解答であると考えた。ただ住宅であれば、そのディメンションは問題である。構造的にどこまで細くできるかということと、その柱間の寸法として適切なものは何かということが重要なことである。柱寸法300mm×300mmは限界に近かったが、視覚的には出隅のリブなどを工夫してある程度満足できたのではないかと思っている。柱間はその奥行きのほうが問題である。伝統的な住居の縁側の幅にも一定の尺度があるように、内部と外部との関係（日照、日除け、雨除けなど）に微妙な影響を与える処である。実際に決められた寸法は柱心間で1.8mであったが、予期したとおり建具が部屋によってこの寸法の中で位置を変えたりすると、なかなか思うように決まらない。そうかといって、もっと大きな寸法を取れば、気候的条件への対処がむずかしくなってくる。

　ともかく南面と北面に、このコンクリートの枠組が走っている。当初は四周に付ける計画であったが、コストの面で東西を割愛した。四周に付ける考え方は、今になってみればちょっと概念的で、やはり敷地の状況、平面計画、あるいは経済性などによって細かく対応していくことが大切であろう。幸い平面計画で東西面の開口部が少なかったので、この枠組みがなくても内部と外部との対処はある程度決まりがついている。もし密度の高い都市内部であったら、隣地とのあきも少ないであろう。そんなとき枠組はとくに重要ではない。4面のうち2面でも十分である。

　この住宅の主構造がたまたま木造であったため、RC造の枠組が従構造の役割を担うことになった。実際には横力に対応する部分のうちの一部ではあるが、もう少し単純な木構造であればより有効であったかも知れない。構造的には従たる構造であっても、全体の成り立ちの中で考えると基本的なものである。言ってみれば、はじめに大地から建ち上がったRCの枠組みがあって四周をかため、その上に切妻の屋根が木の架構として組み上がるというイメージが底にある。そのように全体の構造も支えて欲しいのが、この枠組なのである。

　枠組の中は原則として空っぽであるから何がきてもよい。必要であれば屋根が付き、日除けのテントが付き、壁で埋められ、建具が何種類も入ってくる。実際には戸袋がはみ出してしまったが、当初はこれも枠組の中に取り込みたかった。まだ住み始めてから1年の歳月を経過していない。少なくとも3、4年は見守りつづけなければならない。その間に、この枠組の中にさまざまなものが出現するであろう。それを取り付けるための金具とか、パイプとかがきっと必要になってくるであろう。

　この住宅はお年寄まで入れれば三世代で住む。基本的には2組の夫婦が住んでいる。それが大小二つの切妻屋根となった。生活がかたちと一致しているわけではないが、一つのシンボルと受け取っていただきたい。佐久の冬はとくに厳しい。瓦屋根の勾配は積雪の多い時でも雪を早く落してくれる。落ちた雪はRCの枠組みに積もることもあるが、RCだけに雪を載せておいても良いと思っている。北側の枠組は冬になると次第に覆われ出してくる。そしていつの間にか内部空間のようになってしまう。枠組がそんな役割を果たしてくれれば、それはそれで本望かも知れないと思っている。（『建築文化』1982-2）

玄関ホールと吹抜け

● 2−2／内外空間の境界
善光寺の家

保坂　明　山梨・甲府　木造一部鉄筋コンクリート造　平屋　一部2階
2640.30m²／451.08m²／317.55m²
1981.4　秋山工務店
畑　亮

　夫婦2人の生活であるが、仕事柄多人数の会合などをもつことが多く、そのため規模が増えてしまった。中2階のギャラリーは主人の蒐集品のための場である。竣工して3年以上たつが庭は設計のみが完了しており、まだ手がつけられていない。中央線が甲府駅に近づくとき車窓からよくみえる。
(『住宅建築』1985-5)

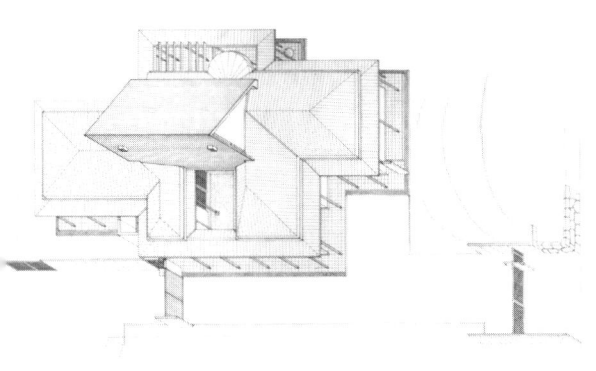

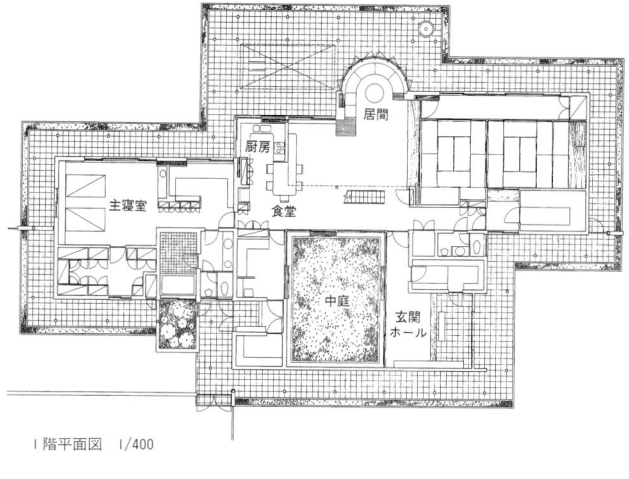

1階平面図　1/400

南側テラス　床　天然スレート貼り

● 2−2／内外空間の境界
小川町の家

森田文雄　埼玉・小川町　木造　2階
2,648.39m²／88.43m²／114.62m²
1984.12　代幸建設
畑　亮

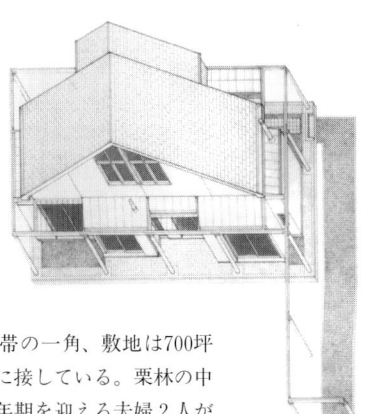

1階平面図　1/300

　池の多い丘陵地帯の一角、敷地は700坪と広く、一部が池に接している。栗林の中を切り開いて、老年期を迎える夫婦2人が住む。2階の広間は子供や孫たちに用意されたものである。外構や庭はこの家の主人がこれから楽しみながら手をつけていくことになっている。（『住宅建築』1985-5）

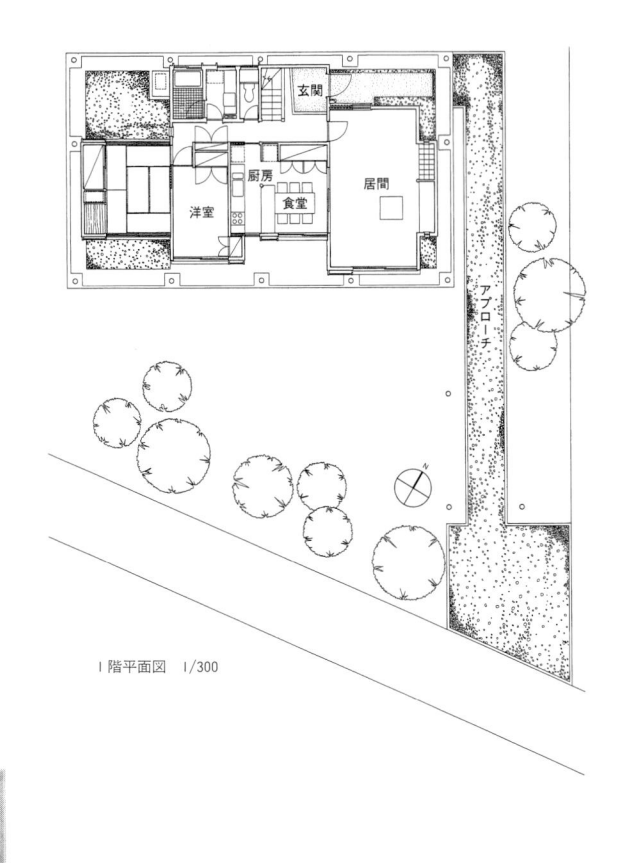

南側外観　外壁　ラムダサイディング　リシン吹付け　屋根　コロニアル葺き

● 2-2／内外空間の境界

足利の家

車塚己喜雄・愛子　栃木・足利　木造　2階
255.55m²／117.38m²／129.44m²
1985.2　敷島工業
畑　亮

　足利市のはずれ、のんびりした農村風景の中に建つ。夫婦とも教員の共働きのため実家のとなりを選んだ。子供は3人で居間から階段、2階ホールは格好の遊び場となるだろう。地元の工務店は元請けをはじめ下請けの一人一人にいたるまで、実によくやってくれた。建主を含めて最後迄楽しく気持の良い現場であった。(『住宅建築』1985-5)

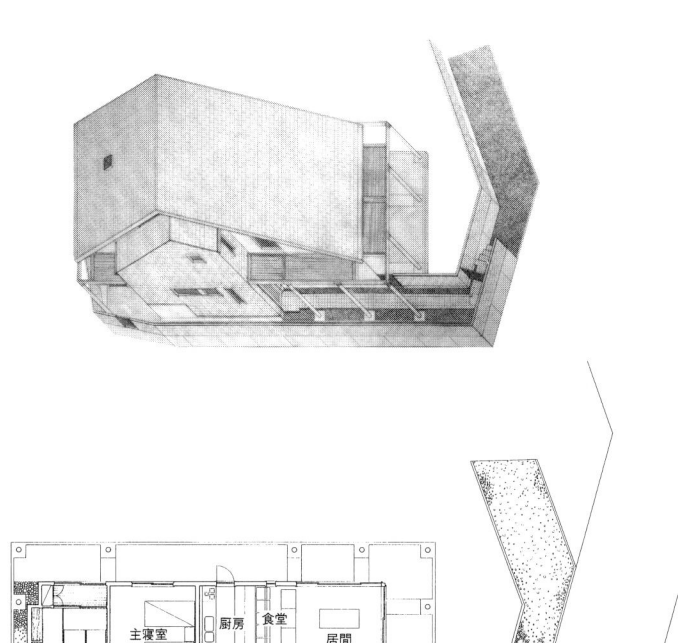

1階平面図　1/300

北側外観　外壁　モルタルリシン吹付け　コロニアル張り　屋根　コロニアル葺き

● 2−2／内外空間の境界
湖畔の家

浅香須磨子　東京・東大和　鉄筋コンクリート造　3階　地下1階
478.04m²／94.15m²／241.30m²
1986.11　丸井建設
松岡満男（新建築）

　この住宅は狭山湖畔に比較的古く開発された土地に建っている。敷地内にはすでに木造の診療所があり、その改修も計画の中に取り入れられた。

　住宅はRCから出発しており、傾斜地のため優れた展望が確保できるので、屋上での生活も大切にしようということになった。屋階のフリー・スペースは、以前切妻の屋根で設計したことがあるが、階下との空間的つながりに少し問題を残した。

　そこで今回は切妻の屋根と直交したヴォールト屋根を組み合わせ、階下との連続性を図ることにした。異なったかたちの屋根を組み合わせることはよほど注意しないと失敗することが多いと思っている。今回は両者ともシンメトリーで、その組合わせ方も中心線同志にしたが、今後別な条件があればアシンメトリーも試みたいと考えている。この屋根の交叉によって2階の階段室に接して天井の高い空間が生まれ、夫婦とも医者という性格上、図書を中心としたギャラリーに使うことにした。またこのヴォールト屋根は既存の診療所の屋根に転移して、改修の一つの目的ともなっている。

　1階に比較的大きなオーディオ・ヴィディオ室をとったのは、上記の図書ギャラリーとも対応してこの住宅の一つの特徴となっている。

　ここには1.8m×1.2mのスクリーンが常備されており、2階にある三つの個室、入口脇の事務コーナーとも併せて、住宅の多機能な面を表している。

　診療所との間にはドライな中庭をつくり、螺旋上の水路が流れ込む池がある。このスペースは建主をはじめ、看護婦さんや患者さんの目に触れるところでもあり、これによって地域にすっかり根をおろした診療所の雰囲気を伝えることができれば幸いである。（『新建築　住宅特集』1987-3）

アプローチから中庭をみる

北立面図　1/350　　　　　　　　　1階平面図　1/350

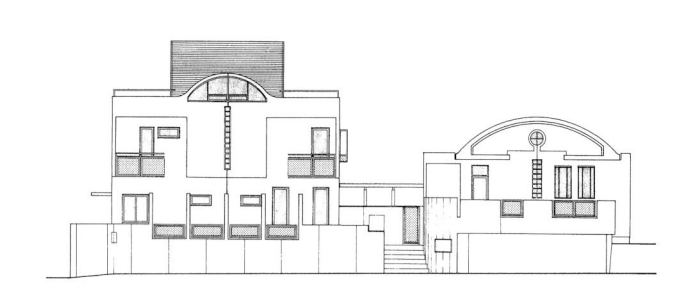

北側外観　フレーム・外壁　コンクリート打放し　撥水剤

●2-3／基盤・壁＋木造
稲田地域体育館

須賀川市　福島・須賀川
鉄筋コンクリート造及び木材＋鋼材によるハイブリット構造　平屋
5,361.66m²／933.60m²／877.18m²
1994.3　渡辺建設
畑　亮

　須賀川市西南部の稲田地区につくられた地域体育館である。周囲は平坦な水田が広がる農村地帯であり、骨太で風雪に耐える体育館のイメージが相応しい。それと同時に、現代の技術と造形に基づいているものであることが必要である。福島は木材の産出地であり地場産業育成の上からも、積極的な木材の建築への使用が望まれている。木の素材としてのあたたかみからもこの体育館の一部に何とか木材を使いたいというところから設計ははじめられた。諸状況を検討した結果、屋根以外はRC造ラーメン構造とし、屋根を木材とスチールの夫々の特性を生かしたハイブリッド構造とすることにした。

　小屋梁の構造には様々な方法があるが、ここでは圧縮力に対しては木材を、引張力に対しては鉄筋を効果的に配置し、ハイブリット・テンション・ストラクチャを構成している。これはまた下部構造に対して、その影響をもっとも与えない構造である。また桁行方向の水平力は軒梁にとりつけたハの字型のブレースで対応している。上弦材と下弦材との間には菱形のシステムトラットを入れている。このように素材の要素を生かしながら巧みに組み合わせて使うことは、またデザインの自由度を高めてくれるといえる。

南西より外観　外壁　コンクリート打放し　撥水剤　屋根　ガルバリウム鋼板葺き

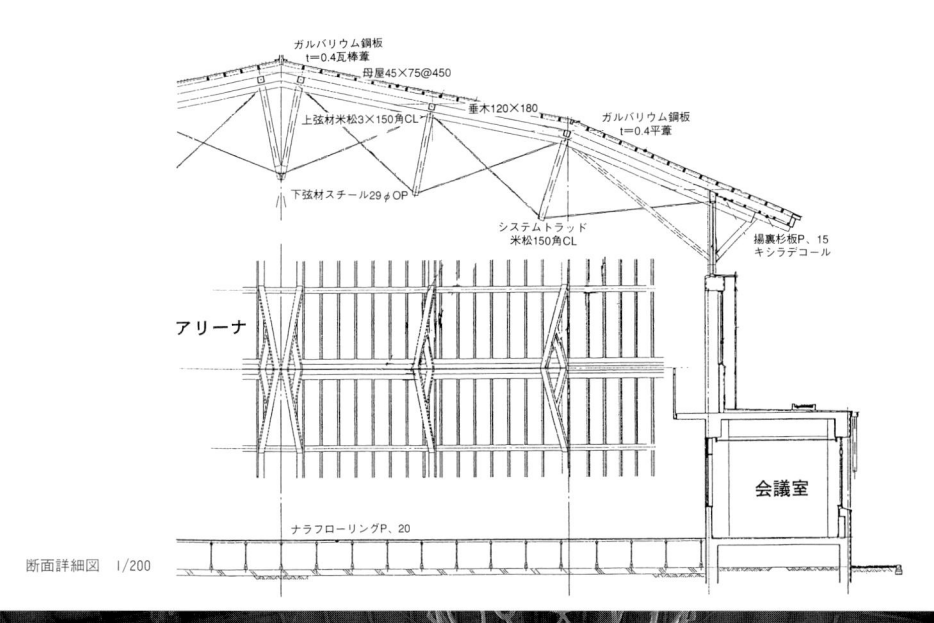

ガルバリウム鋼板
t=0.4瓦棒葺
母屋45×75@450
垂木120×180
ガルバリウム鋼板
t=0.4平葺
上弦材米松3×150角CL
下弦材スチール29φOP
システムトラッド
米松150角CL
揚裏杉板P、15
キシラデコール

アリーナ

会議室

ナラフローリングP、20

断面詳細図　1/200

内部　天井　グラスウールボードクロス貼り

79

● 2 − 3／基盤・壁＋木造
島上寺

宗教法人島上寺　静岡・沼津　鉄筋コンクリート造及び木造　地上 2 階地下 1 階
1,932.74m²／518.78m²／897.9m²
2000.4　石井組
畑　亮

沼津港の近くにある臨済宗妙心寺派の寺院である。古くは漁師の人々によってしたわれていたようであり今も檀家の数は多い。本堂と庫裡の建て直しであるが、今後の多角的な活動も考慮して集会のための空間も用意されている。敷地の制約もあり集会室を半地下としてそのうえに本堂をのせている。本堂の円柱までをコンクリート造とし、そのうえの屋根は集成材による立体トラスである。禅宗ということもあってこの中心核には正方形、方形というかたちにこだわっている。この中に様々なスペースをとりこんでしまおうというわけである。集会室の他、茶室、茶庭、石庭、そして庫裡が正方形、方形のまわりに集められてその傘下におさめられているといってよい。内部には大小様々な部屋があり動線が錯綜しているが、それをこのようにまとめることによって寺院としての一体化をこの敷地のなかではかろうとした建築群である。

南側外観　外壁　コンクリート打放し　撥水剤
屋根　亜鉛ステンレス複合板

1階平面図
1/450

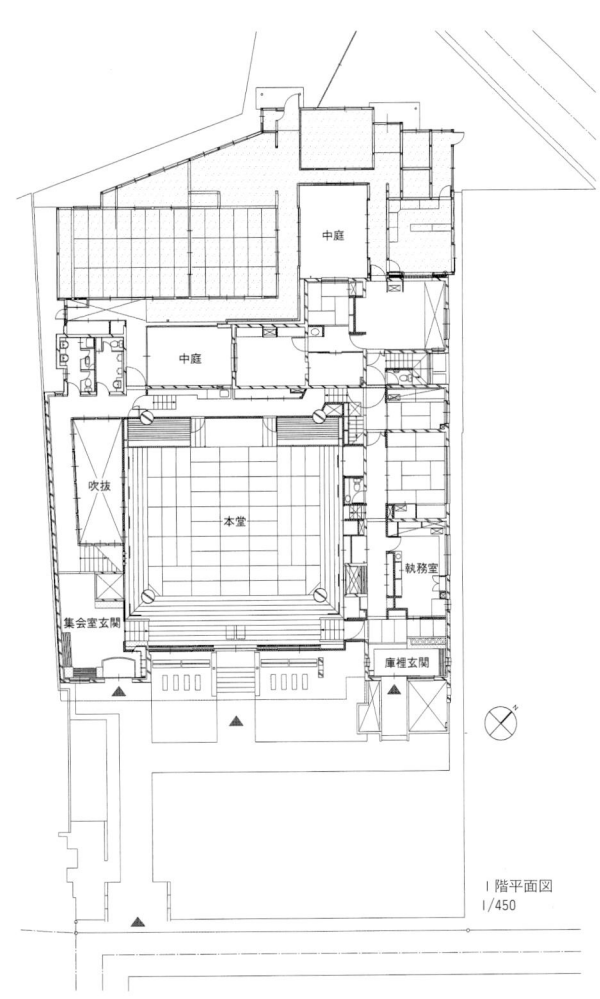

茶庭

石庭

本堂　立体トラス　唐松集成材

本堂夜景   架構概念図

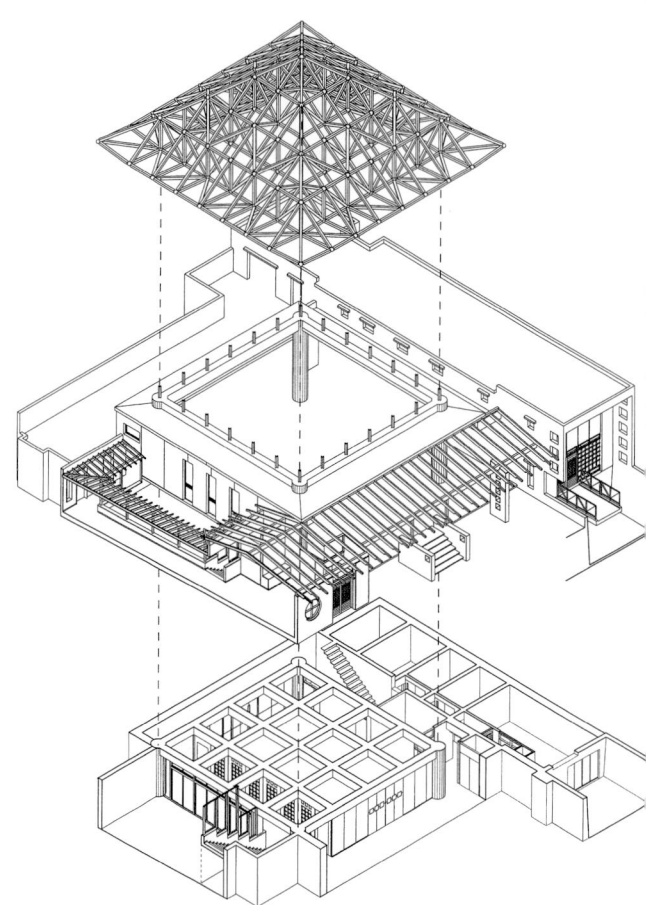

門より本堂をみる

● 2−3／基盤・壁＋木造
西袋中学校体育館

須賀川市　福島・須賀川　鉄筋コンクリート造及び木造　1階
27,354.89m²／1,420.63m²／1,270.32m²
2002.3　篠沢建設工業

　稲田地域体育館につづいて混構造をもう一度試みてみようということになった。今度は前回と異なって出来れば地元材を使いたい。それも真物でと考えた。

　又金属の使用は木とのなじみが必ずしも良くないので極力避けたいという点が異なっている。検討の結果、主たる屋根梁材は杉4寸角（芯持材）を9段重ね、枘（ホゾ）で相互に緊結して使用、それをスパン約30m×35mの屋根面にバイアスに組む。全体は折板で野地板は杉板（3cm厚）張、梁のジョイントの一部だけに緊結のボルトが使われている。屋根以外はRC構造であるので、屋根はシェルターとしての負担以外はかけられていない。

　このような構造が従来の鉄骨造の体育館と同等の費用で出来れば、今後様々なところで展開することが出来るのではないだろうか。

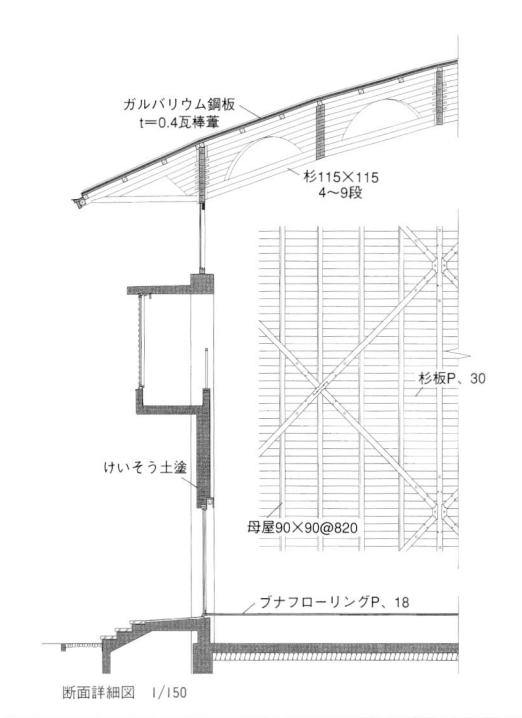

屋根架構概念模型

断面詳細図　1/150

概念模型

● 2-3／基盤・壁＋木造

須賀川の町家

　この建築をRC造と木造との混構造とした理由は、地方都市市街地の中心に立地していること、用途が店舗と住宅の双方であったことによる。立地から言えば、防火的配慮がどうしても必要であり、用途上のことから言えば、店舗は出来れば無柱空間、住宅は木造の親しみやすい空間が望まれたということである。それに加えて第一章で示したように、内庭型の構成をとりたいということもあって、1階はRC造、隣地側は3階迄RC壁を立ち上げて、内部に木造をだきこむということに自然に流れていった。長手方向の壁とスパン3,720mmでくりかえされている短手方向の壁柱（350mm×750〜600mm）と梁（350mm×800mm）で全体構造は単純につくられている。そして2階床は中庭部分が逆スラブとなっていて、植土等が600mm位は入れられるようにしている。これでRC造の役割の大部分が達成されたのである。あとは極力木造で架構していったが、道路側外壁は防火上の理由があって、ほとんど木は露出していない（44・45頁参照）。

（86・87頁写真／畑　亮）

躯体構成概念図

居間吹抜け　フレックスコート吹付け

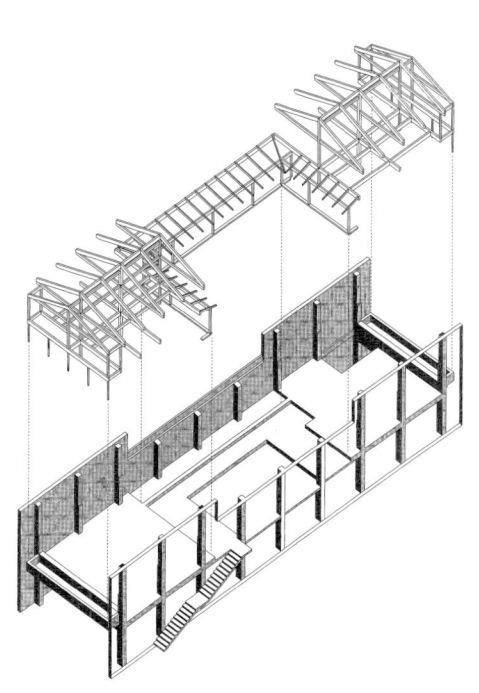

西側外観　外壁　コンクリート打放し　ラムダサイディング　ランディックスコート吹付け

開口部・建具

　日本だけに限らないが、特に開口部まわりが単純すぎると内外の対応がむずかしくなる。日本人の生活の中には内外の空間に複雑に対応して来た歴史がある。現代の建築は或る意味でこのような要素を切り捨てて来たとも云える。再び新しいかたちにそれらの内容を盛り込むことは容易ではないが、やはりいくつかの試みを続けていきたいと思っている。

　一方、小さな窓も場所によって極めて大切な要素である。それはそれぞれの建築の部分の特殊性に応じていくために工夫が積み重ねられなければならない。プライバシー、装飾、通風、採光など様々な条件が微妙にからみ合っている局所を大切にしていきたい。

(写真／松岡満男（新建築))

野毛テラスハウス
　浴室の換気と採光を確保しながらプライバシーが保たれるように考えた小窓。各部の寸法は製作上可能最小限となっている。鏡板はコルテン鋼パネル。

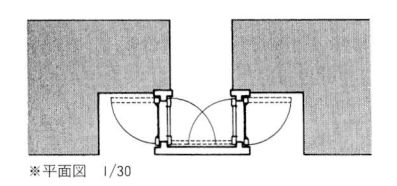

※平面図　1/30

旅館　甲運亭
　旅館の窓の外に付けた手摺、鉄骨で持出した梁に木製のフレームをはさんでいる。下面及び手摺部分に入っている格子はスチールのフラットバー、グラファイト仕上げ。

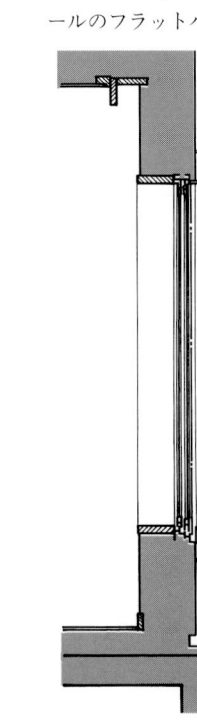

(写真／畑　亮)

※断面図　1/30

大韓基督教会東京教会

礼拝堂の換気と採光のための窓で外側は片開きのサッシ、内側の建具は木製で上下はオープン、中央部にはステンドグラスでイコンを表現している。又この扉は床迄開くので、二つの建具の間には安全のためのパイプの手摺が設けてある。

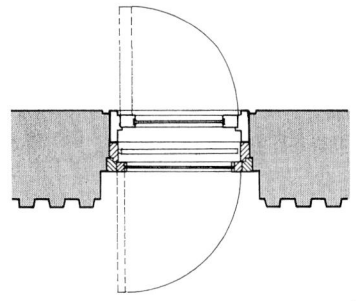

※平面図 1/30

(写真／新建築)

大野ビル

アルミサッシの竪軸回転窓が二連でつけられた事務室の窓、これは清拭メンテナンス等で便利な開閉方式であるが、窓というまとまりをもたせるために、その中央に飾柱を入れてある。これは二本で一組であり、それだけ象徴性が高い。そのブラケットはスチールパイプとともに単純な形態をしていて両側にあるガラスブロックの開口部とも呼応している。またパイプの上下には3本の條が入っている。これは最小限の装飾である。

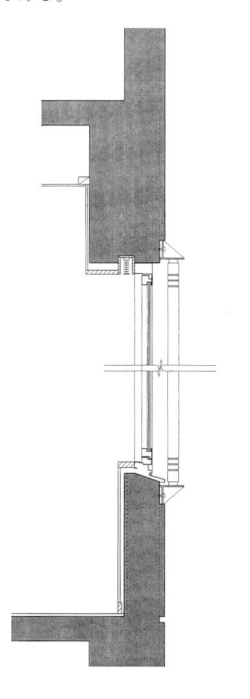

※断面図 1/40

(写真／小川重雄（新建築))

建具は全く盲のものから透明なガラスのもの迄それ自身広い世界をかたちづくっているが、その中でも格子戸などのスクリーン状のものは建具の内外を微妙につないでくれる。いわゆる伝統的な格子も材料や技術の変化で少しずつスクリーンとしての雰囲気を変えていくことが出来る。

湯河原の家／格子戸
　ガラスのスリットをもつ竪羽目板戸。ガラス押えには真鍮のフラットバーを使用、米松のオイル拭き仕上げ。スリットの開口巾は40㎜。

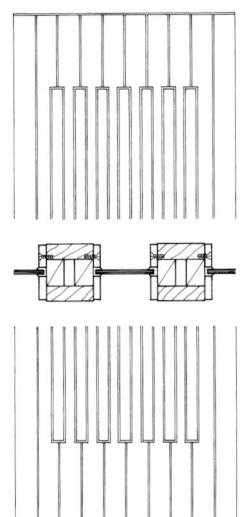

※姿図・平面図　1/30・1/60

（写真／中川徹（彰国社））

大韓基督教会東京教会／格子扉
　スチール両開框戸に木製格子をくみこんだもの。この格子は網入ガラスの両側にペアになってとりつけられている。帯にあるところには十字架と伝統的な格子組のデザインを重複させたものがとりつけられている。材質はラワン。格子は115㎜×130㎜。

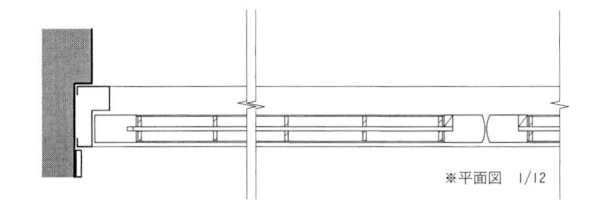

※平面図　1/12

（写真／新建築）

布善ビル／格子スクリーン

　引違いアルミサッシの外側にはめこまれた格子で、レッドウッドでつくられている。格子は35mm×12mmの部材で50mm×50mm間隔、それを600mm×1,800mm角にくんで40mm×21mmの枠でまとめている。これは一つひとつがSUSの座金でケンドンになっていて、必要に応じてとりはずしが可能である。

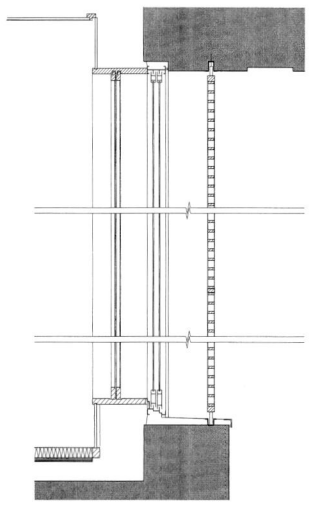

※断面図　1/40

さらしな乃里／格子スクリーン

　そば屋さんということもあって、桧のルーバーを格子状にくんでいる。伝統的な竪繁格子で45mm×20mmのこまがえし、単純だがあきのこないデザインである。

（写真／畑　亮）

（写真／畑　亮）

● 2-5／多様な要素の複合
ウルグ・ベグ文化センター計画案

ソ連建築家協会　アガ・カーン文化財団　ウズベク建築家協会　ソ連・ウズベク共和国・サマルカンド
1991.5　協同：西松建設

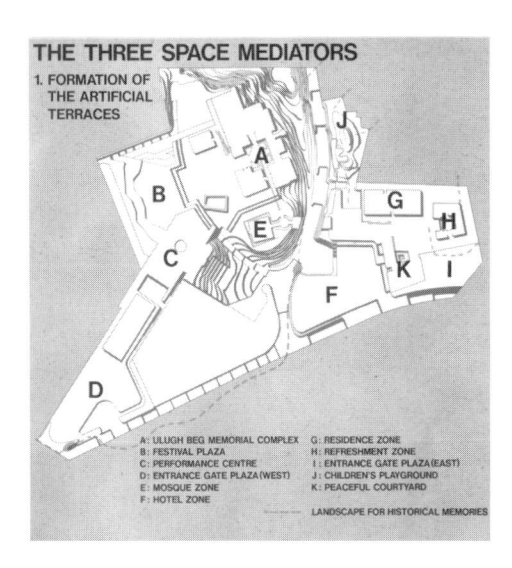

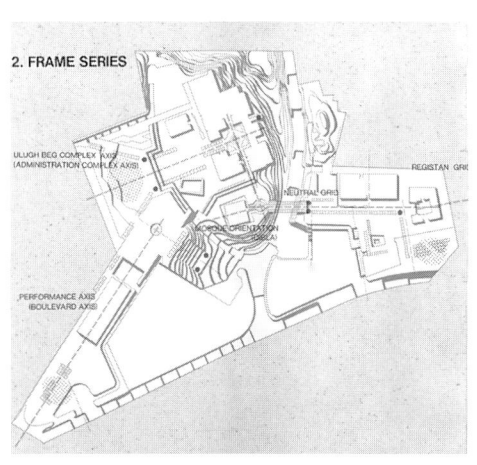

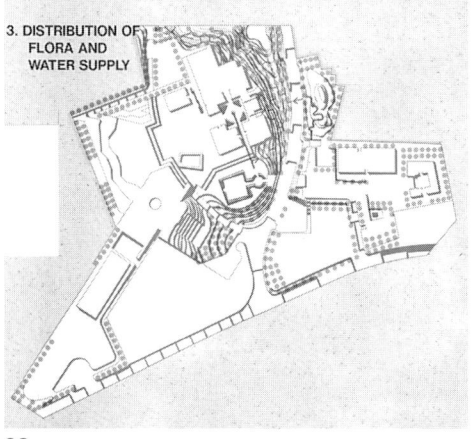

THE THREE SPACE MEDIATORS

1. FORMATION OF THE ARTIFICIAL TERRACES

A: ULUGH BEG MEMORIAL COMPLEX
B: FESTIVAL PLAZA
C: PERFORMANCE CENTRE
D: ENTRANCE GATE PLAZA (WEST)
E: MOSQUE ZONE
F: HOTEL ZONE
G: RESIDENCE ZONE
H: REFRESHMENT ZONE
I: ENTRANCE GATE PLAZA (EAST)
J: CHILDREN'S PLAYGROUND
K: PEACEFUL COURTYARD

LANDSCAPE FOR HISTORICAL MEMORIES

2. FRAME SERIES

ULUGH BEG COMPLEX AXIS
(ADMINISTRATION COMPLEX AXIS)
NEUTRAL GRID
REGISTAN GRID
MOSQUE ORIENTATION
PERFORMANCE AXIS
(BOULEVARD AXIS)

3. DISTRIBUTION OF FLORA AND WATER SUPPLY

サマルカンドの数知れぬ歴史的伝統を受け継ぎ、21世紀へ向けて新たな姿をつくり出すためには、多くの異なった要素を複合化し融合する方法を見出すことが必要である。そのためには、この記念的な都市の中心的複合施設に対して、その基本的構造を明確に規定し、主体性を保ちつつ、時間の流れのなかで、柔軟に空間を形態化することを可能にするシステムが要求される。

　ここでは、階層に分れた第二次的ランドスケープ、いくつかの都市的軸線、その交点を中心とした空間の構造、スペースメディエイターとして機能するフレームネットワーク、アーバンバッファーとしての樹木・水路の配置などを提案した。

　これらの諸要素によってこの建築的複合体は異なった要素を融合しながら大地から支えられ、空に向かって明確なかたちでUlugh Revitalizationを視覚化する。

● 2−6／移行する領域
大韓基督教会東京教会

宗教法人在日大韓基督教会東京教会　東京・飯田橋　鉄筋コンクリート造一部鉄骨造　2階　地下1階
755.78m²／411.07m²／1,106.00m²
1979.12　フワ建設
荒井政夫（新建築）

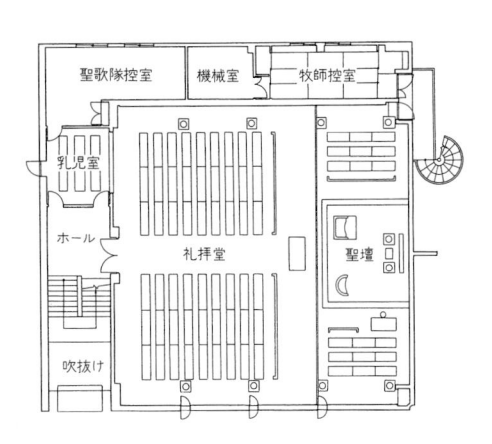

2階平面図　1/400　　　　　　　　　　　　構成図

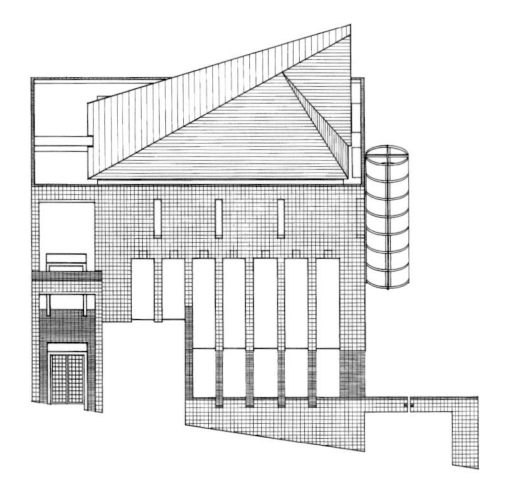

西側道路よりみる　外壁　タイル貼り

この教会は在日韓国人のための東京教会であり、70年の歴史を持つ。韓国はキリスト教布教史上の奇跡ともいわれるほど信者の数が多く、また宗教上の活動も盛んである。この東京教会はプロテスタントであるが、宗派はとくに細分化されていない。礼拝は牧師の説教を主とするが、聖歌隊の活動も盛んであり、儀式的な雰囲気を持っている。その点キリスト像もまた容認される。

　礼拝堂の屋根を支える円柱は、下部のRC構造の柱で支持されているが、このスパンは3.8mで通常のRCのスパンとしても短いものである。しかしこれがそのまま立面に何らかのかたちで表現されてくると、規模が小さいだけに、立面全幅の中での柱による繰り返しのリズムはまったく不足する。そこでスパンを視覚的に半分にする作業を行なった。構造体としての柱と外部に対してはまったく同じ表現で、各柱の間に1本ずつ偽柱を入れておく。これによってスパンは柱心で1.9mというきわめて小さなものになったが、視覚的には私たちの常識的なスパンに対する寸法意識が働いて、実際よりも大きく感じる。これはあとで気がついたことだが、組積造のプロポーションに近くなっている。この立面は教会の側面ではあるが、敷地の条件からそこに正面の入口を持つという二重の性格を持っている。側面という意味からすれば、組積造に似たプロポーションを持たせたということは、どこかに歴史とのつながりを意識した結果かもしれない。しかしこの偽柱は、私の意識の中で行きつ戻りつしていた。まったく他の柱と同じような表現はとりたくなかった。そのために最終的に選んだかたちは、最上階でちょうど柱にあたる部分だけ開口部を設けたことである。これは一方で礼拝堂の側光ともなり、中間期の換気には是非必要なものでもあった。

　教会の実情を見るために韓国を歩いていた時に感じたことは、敷地を囲む塀や門が日本より強い意識でつくられていたことである。つまり内と外との切断がよりはっきりしていることである。このことが心のどこかに潜んでいて、門と塀を何とか立面に関係づけようという気持ちが強くなった。立面の中での主入口は比較的シンプルなものにしておいて、それをまったく転化させたかたちで門を構築すること、それも門構えを二重にダブらせておけば、それだけ強く意識されるのではないかという配慮である。さらに塀については先ほど説明したスパンの繰返しを対応させる。ちょうど傾斜地でなおかつ道路が建物に対してやや斜めになっているので、そのことに対する解決も含まれることになった。(『新建築』1980-3)

礼拝堂　壁　コンクリート打放し　天井　プラスターボード　寒冷紗V.P.

● 2-6／移行する領域
富士の納骨堂

宗教法人在日大韓基督教会東京教会　静岡・富士霊園　鉄筋コンクリート造　平屋
327.1m²／32.1m²／32.1m²
1982.4　フワ建設
98頁下／垂見孔士・それ以外／JA

人は死後の世界を、生者が踏み入れることのできない世界として想定する。しかし死者との別れを告げるためには、いくつかの儀式を用意しなければならない。それは何重かに設けられた境界を通過することによって象徴される。その間生者は生と死の間の「どっちつかず」の状態におかれる。喪とはこの間の時空間を指す。人間がいままでつくってきた墓は、なんらかの意味でこのような世界を視覚化している。

　ここにつくられた墓は、在日韓国人キリスト教者の集団のためのものである。これらの人びとはひとつの共同体に属しており、その形象化としてこの納骨堂はある。アプローチは三重に重ねられた門をくぐることから始まる。いったん納骨堂とは異なった方向、東に進み、フェニックスが刻まれている石をきっかけに方向は鈍角にふれる。そしてその延長線上に十字架が立つ。数段の階段を上がって納骨堂の前に立つ。そこで方向はまた直角にふれる。納骨堂の前面の床には、左右3対の孔があけらけている。これは花立てでもあるが、ひとつの境界の印でもある。階段を下りると、左右に2対の柱が立つ。これも同様の意味を持つ。壁面には「私はよみがえりであり、命である……」という聖書の言葉が、ヘブライ語、ギリシャ語、ラテン語、英語で刻まれている。扉の内部にはハングル文字と日本語でこの文字が刻まれている。階段状になった屋根には60個のハイサイドライトがあけられ、下段から灰色、緑色、青色のガラスがはめこまれている。これは、肉体の死、死を克服する生命、および神の愛の象徴である。納骨堂の背後には、「すきま」があってそのうしろに1枚の壁が立つ。この「すきま」は生者の世界と死者の世界を分かつ境界である。(『新建築』1982-6)

南東側からの外観　コンクリート打放し

平面図 1/300

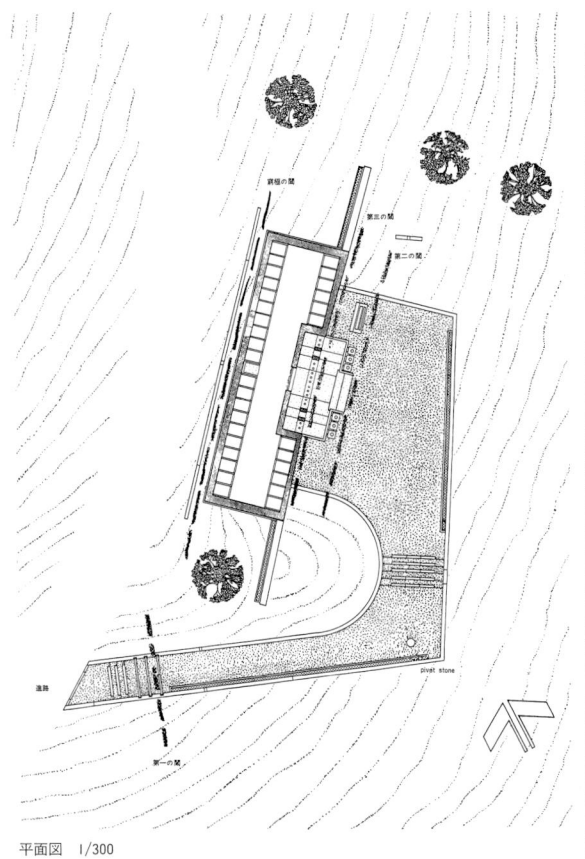

納骨堂内部

アプローチから墓前をみる

98

アプローチから

第三章　場所と建築

　本来、ある場所にはその場所の特性がある。そこが他と異なることによってその場所が特定される。人にとってまずそのことが大切であり、他と異なる場であることを意識して人はそこに生活を営む。そこで営まれる生活は又その場の特性をつくり出す。一つの場所が他の場所とかかわり合う即ち影響をうけあうとき、夫々のもっている特性が入り交じりあい、やがて融合したものをつくりだす。そのようにしてつくり出された共通のものが、本来あった特性とどう共存していくのか、それが常に変化するものにせよ、相互に関係しあってどう変化していくのか、それが現代に厳しく問われる人の場所への意識である。

　現在とくに議論されているグローバリズム（それはかつて国際様式ともいわれたが）の力が今後ますます強くなっていくとき、その力によって場所の持っていた特性が次第に失われていくことに対する危機感を多くの人が持っていて、それをどう克服するかが大切なテーマとなっている。環境というとらえかたのなかでも「〜らしさ」というものの内容を一体見い出すことができるのか、という問いかけに答えを出していかなければいけない。大変困難なことであるが、現在できることの一つに基本にもどるという方法がある。それはその場所の特性の一つとして地形、気候といった地理的性質をもう一度整理してみることである。そのような物理的性質は比較的明解であり、人の生活を快適に営む方法はそこから素直にひきだされてくるだろう。

　地形・方位・四季の気候は基本的にその場所場所によって異なるはずである。人は夫々の時代それに対応して生活してきたのである。その対応の仕方は夫々の時代の技術や社会のシステムによって定められていたのであるから、それらのものが変化すれば対応の仕方は変わる。その過程がその場所の人の生活の歴史であり伝統とよばれるものである。そしてその歴史的経緯のうえにこれらの対応の仕方をひきついでいくことが必要になってくる。そのような作業が場所の特性を更に明確にし、それらの相互交流のなかに再び共通したつながりをつくりあげることによって新しい伝統が生まれてくるのである。

1－敷地との対応

　ある自然の風景のなかに一つの建築が建てられようとする時、もし周辺の環境とそこに建てられるものとが対峙するという構図であるならば、建てられるもののかたちはおのずからきまるということができまいか。それをきめるものは自然と建築の基本的関係ではないかと考えられる。その時建築の背後にはその時代の文化が横溢しているのであるが、そこできまる建築がその風景にとって好ましいものであるか否かは、その対峙のなかで語ることになる。そしてあるべき建築の答えをもとめる過程がここでは重要である。前提として風景そのものがしっかりしていることが必要である。しっかりしているということは病んでいないということである。人の手のはいった風景がほとんどであってもそこに丁寧な痕跡が見られれば、建築はそこからイメージすることができる。このことは逆にいえば環境としての風景が無茶な人の手による荒廃をもたらしたとすれば、当然それと対峙する建築はその成立のてがかりを失うことになる。ここで具体的な三つの設計例について敷地との対応を説明してみよう。この三つは海、山、

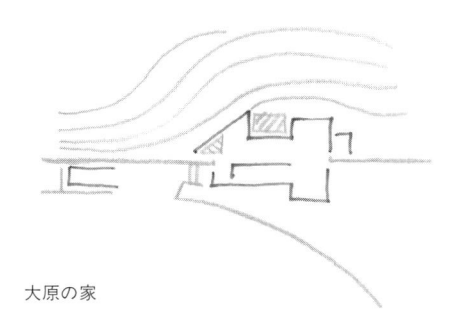

大原の家

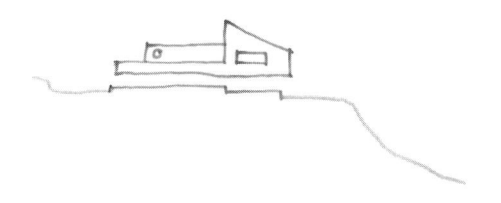

郡家ゴルフ倶楽部クラブハウス

都市とその環境を異にしているが、常に一つ一つ丁寧な対応をしていくことをこころがけている。

海に向かう 「大原の家」

　海際の土地は最初から海側と山側とにわかれている。それは夫々に対する顔が異なっているということである。海から吹いてくる風と海へと吹く風とでは全く違うということである。一本の樹木でもつきだした石塊でもその影響をうける。それが極めて顕著にあらわれるか否かは別として、二つの顔を意識しなければその土地に対応できない。この建築をつくるときにこれはアプリオリにある。二つの顔を持つとすればその面をへだてる背骨がどこかにあるにちがいない。それがその建築をつくる手がかりになることがある。海にむかう空間と山に向かう空間が交錯し縄のように撚りあって、最後に一体化して双方にむかう顔をつくる。風のながれをある程度形象化してそれを屋根の形と対応させる。こんな手法は時折みかけるものである。海に向かう人の道はおそらくその建築へのアプローチにもなるだろう。とすればアプローチに導かれて道のシークエンスがその建築のなかに織り込められる。そのようにしてつくられた建築はその土地に住む人、つくり手夫々の違いを織り込みながらその場所だけに存在するものになっていく。さらに時間の経過のなかでそれはその場所の風景となっていく。そこを訪れた人これから訪れる人の記憶のなかにそれはひそみこみ、やがて歴史さえつくっていくことにもなるのである。そのように考える時そこにできあがった風景はかけがいがないものであり、人の業のあかしでもあるのである。

山のなかで 「郡家ゴルフクラブ」

　このクラブはちかくに果樹園もある里山の低い山なみがその環境であったが、人の手によって極めて危険な状態に変えられようとしていた。その一歩手前の状態のなかで、風のなかに建築を対応させようと試みたのがこれである。コンクリート打放しという素材と全体の形態はこの風景から生まれてきたものである。谷筋をとおって下から吹き上げてくる風をうけとめてくれる姿勢を建築に与えることができるかが一つの課題であった。ロビーも食堂も浴室も谷筋にむかう眺望にひらいている。プレーをするゴルフのコースは背後のはるかな山の上にあって、このクラブハウスから望むべくもない。従ってこのハウスはとくにゴルフ・クラブのそれでなくても良かったのである。この地形のなかでそして残された樹林と風の通り道のなかで片流れの屋根が対峙してくれればよかったとおもっている。30年以上たった現在建築のかたちも全く変わらず周囲の風景も緑が復元し、崩壊一歩手前で踏み止まった。これは停滞した経済的状況が幸いしたものであるが、今見てこの風景と建築との対応はある基本的原則に則っていると思っている。一時梨の果樹園が周囲にひろがる計画もあったが、それでも同じだったのではないか。この地形にはこの建築というのが一つの答えである。

都市の建築 「表参道の交番」

　都市のなかでの建築はどのようなアイデンティティをもつことができるか。すくなくとも場所という範疇のなかでそれなりの要素を拾い出すことはできる。表参道の交番は極めて小さな建築であるが、この有名な街路はそれ自体で大きな存在である。まず

欅並木が大切にあつかわれている。隣接したところにはポケットパークが計画されている。交番は道しるべである。そのような条件のなかからいくつかの解がひきだされる。欅一本をたいせつにして建築を調整したこと、更に夜と昼の顔を作り出したこと、夜は交番という箱が一つの行灯になってやや暗い街路をてらしだす、昼はその行灯の表面のガラスが反射面になって周囲の欅並木を映すのである。そのようにして街路の点景になっていく。都市のなかのアイデンティティはどんなに小さくとも必要であり、それが人々の記憶に永く残るためにはその時代の典型の一つにもなりうるものでなくてはならない。

2 — 集合住宅群の形成

集合住宅が群としてあるまとまりをもつように考えたいという傾向は、もしそうでなければ均質な展開を無限に繰り返すおそれがあったところから生まれたのであろう。例えば一つの村が成長、発展していくのに比べてみると、計画された集合住宅群は先ずそのような時間的プロセスを経て来たわけではない。従って中心核が次第に形成されるとか、密度が高まっていくというようなことはなく、はじめからある意味の完成をみてしまうので建物が経年変化していくのみである。多摩ニュータウンのような計画都市にしても、全体の骨格は当初につくられており、それぞれの部分に時代に応じて少し異なったかたちのものが嵌入されていくという経過をたどってきたのである。空き地であったところが埋められたのである。夫々の部分での変化がもしあるとすれば、その部品である住棟が建替というかたちでおきかえられることであろう。新しくつくられた計画地でもそ

のようなことはこれから次第におきていくであろうが、それは長い目でみれば既存の都市のなかで今までもおきて来たことである。歴史的都市と異なるところは、計画地では極めて長い時間維持されていくモニュメンタルな建築及びそれに類するものが残って有機的な構成をしていくことが、期待しにくいことである。

このような特殊な性格をもつ計画都市の集合住宅群であるが、完成された構成をはじめから提出しておく方法がある。主として景観上の理由に基づくものであるが、中層住棟を中心に配置し、部分的に低層住棟をおいてその周辺にこまかい街路をつくり出し、一方高層住棟を一つ二つ計画してランドマーク的存在にするという方法である。あとはその住宅群をとりまく周辺状況に応じて開いていく部分、静かな環境をつくるところ、緑を豊かにする部分といった変化をつくることである。これは建築によってある風景をつくることでもあり、夫々の建築には共通したデザイン要素があっても建築の形態としての多様なものを混在させようという意図がある。しかしここではそのような群となった形態をどう評価するかというクライテリアの設定の仕方が明確でない。景観形成は本来より社会的、経済的なものがベースとしてあって、そこに技術上の解決の結果があらわれるものであろう。そのような点から言えば密度、規模が様々な理由から設定され、そこにハードの計画がつくられ更に建築のディテール上のこまかな変化がつけられていくという流れを第一義とすべきなのであろう。

集合住宅が物理的に多層化したフレームのなかにおさめられる時、その均質なグリッドの立体格子の

なかにどのようにして夫々異なった空間が形成できるかという課題が大きな意味をもつ。立体格子は基本的には均質な性質をもとうとする。即ち均等スパン、均等階高、水平なフロアーレベルなどである。これは一つには生産のシステムのなかに予め組み込まれているものである。均質なグリッドを不均質なものにするには、これらの要素を変えることである。そしてそれはどのような条件によって変えることが妥当であるかを検討する。一つには土地の地形による平面的な不均質を組み込むこと、集合住宅という一つのかたまりであれば端部と中央部、方位による各面のちがい、周辺環境とのすり合わせ（街路、隣地等）によって変質するのは当然であり、その契機を見い出せばよい。垂直方向に関連しては接地部と中間部、頂部、土地のレベル差のフロアーレベルへの導入、展望、方位、植物周辺環境との調整も生まれて来る。このように考えていくとフレームは注意を払えば払うほど不均質になり、最後には一つとして同じフレーム（寸法等）がないというところまでにたどりつく筈である。

　さらに内部からの要求がこのフレームへの変質を要求する。住み手達の要求が一つ一つのプランを変え外部にはみ出して相互に関係し合いその結果が外貌としてあらわれる。外部内部夫々変化する要因は少しずつ異なっていても、集合するという大きな枠組みのなかで相互に調整していく他に道はない。現実のプロジェクトのなかでも多かれ少なかれこのようなプロセスを経て、群化する集合住宅が出来上っていくのである。コーポラティブ・ハウスと呼ばれるものは設計の段階においてそれがあらわれて来る代表例であろう。調整の方法は様々であるが、現実に均質フレームから脱出することはそうむずかしいことではない。

　集合住宅を群としてまとめるにあたってもう一つ大切なことは領域の形成である。まとまりをもつということは、その群としての特色が生まれることであるが、そのためには中心的領域が必要である。それが閉ざされた中庭であるか、半ば開かれたオープンスペースであるかは別にして、密度の高いアイデンティティを確保できる場所でなければならない。一般的に集合住宅が群になる時、そこに住む人たちのための共同のひろば即ちオープンスペースが必要である。それも出来れば性格が異なったり大きさが異なったりする多様なスペースであることが望ましく、住宅群のなかにきめ細かく点在する計画が欲しいものである。日本の風土上の性質からいっても、このようなスペースは夏、風が通り抜け冬日のよくあたるのが最上であるが、そのためにはあまり閉鎖的にならないことである。このようなスペースはプライベート・コモンと呼ぶことが出来て、他の領域からある程度防禦されている必要がある。そうすればそのまわりの集合住宅は日常的な顔をこのようなスペースに安心して向けることが出来る。一方一般の街路に対して或る程度フォーマルな顔を持ち街並形成に参加していくことが必要になってくる。一つ一つの住戸がこのようなウラとオモテの両面に異なった顔をだすことが出来るということは、独立住宅の性質にも近づくことであろう。このようなプライベート・コモンは「鶴牧の集合住宅」では低層住居群の前と集会棟前のプラッツァがそれにあたるが、前者がゆるやかにかこまれているのに対して、後者は富士山をも含めた西への眺望を大きく開いていき、

鶴牧の集合住宅

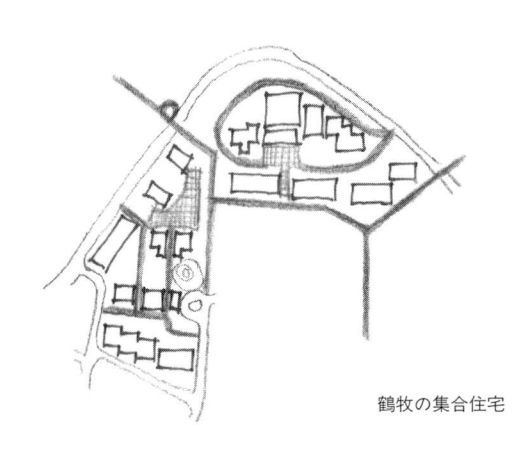

そして同時に群の核となる領域を形成しているのである。「蓮生寺公園通り一番街〜三番街」では、夫々の区域にこのようなプライベート・コモンがつくられているが二番街では街路と一体である。ここでこの街路は全体をまとめる役割をしている循環道路であり表側である。このような時裏側にあたるところをきちっとつくっておかないと道路への表出が大分混乱してしまう。並木道などで一度縁をきっておくのは、多少姑息な手段であってもやむを得ないかもしれない。小さな街路は別であるが「鶴牧の集合住宅」にも一部公道沿いの住棟があって、同様の問題を提示している。この間の領域は群という点からみれば半ば公的性格をもつべきところである。或る意味では全体の入口の部分にあたるところであり、住宅専用部分より非住宅の性格をもった機能がそなわった方が対応がスムーズである。即ち普通の街の性格を持ってくると集合住宅群という特殊な環境が一般道路と連続的になっていくのである。

日本的集合住宅を目指して

　集合住宅は住居集合の延長線上にあるか否かは別に論ずるとしても、日本の住宅であることには変わらず、日本の風土の上につくられるべきである。北アメリカでは日本でいうnLDKと同じような意味で"2 and half"というような言葉が省略された用語として一般に通用しており、住戸単位のかたちには共通性がある。家族形態からかたちがつくられるのではなく、規模があってそれを人が選ぶというのは国際的なことであり、何部屋あるか、そしてそれ以外の厨房、水まわりは当然附属しているという基準があれば良いのであろう。従ってそこには日本的なものは殆どあらわれない。それより開口部のとり方、内外空間のつながり、固定可動間仕切のとり方、共有空間のとり方などが、日本という風土のなかから生まれてきた生活の様式を着実に確保し、育てあげるものとして機能していくことが必要となってくる。さらに住棟相互の関係に着目すると、その気候的特色から周辺に十分な植物が植えられ、樹木と建築がモザイク模様のように織りなされていれば、プライバシーをまもり景観をととのえ、局所気候を調整することが可能である。そのようなすがたをイメージすれば建物は樹高と比較して数層内におさめられるべきであり、自ずから密度もそれによってある巾におさまる。南面性も省エネルギーなどの点から大切であり或る巾の範囲でまもられ、接地型住戸も再検討され今までの集合住宅を受け継ぐものとしてのかたちが出来上がるのである。路地、こまかな中庭などの外部空間がネットワークをつくる時、それは次第にこれからの日本的集合住宅になっていくのではないだろうか。

　街路に集合住宅があらわれる時にそれは日本ではどのようなかたちになるのであろうか。先に触れた古代ローマ以来の伝統からいえば、一つには中庭型（コートハウスタイプ）があり、それに対して外庭型が設置される。日本はどちらかといえば後者に属しており集合住宅も例外ではないであろう。とすれば住戸のまわりにも外部空間がまわり、街路と住棟は直接対峙することはむずかしい。それは上述の文脈からも言えることである。しかし現実には民間集合住宅では街路との関係が直接的であり、生活空間としてあまり豊かなものを確保できていない。このような場合は街路が或る程度まもられた二次的性格

蓮生寺公園通りー〜三番街

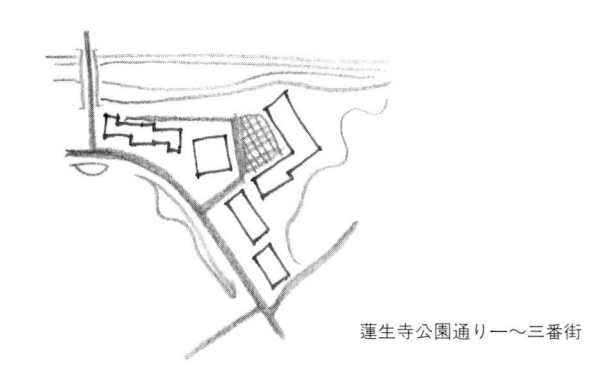

（路地のようなもの）をもっていなければならないのであり、そのための都市的な計画がこれから様々な角度で試行されなければならない。いずれどこかで戸建住宅と触れるところが現れてくるのであり、それを柔軟に関連づけるのも街路の役割なのである。そしてここでも又植栽が大きな力を発揮するのである。

　都市内部にあって集合住宅と戸建住宅との差異が次第に少なくなっていくということがあり得るであろうか。それには先ず戸建住宅が都市的様相を次第に強化して、集合していく契機をもつことであろう。隣地との関係は近接しても十分機能を発揮するように、街路とは境界構成をもって弾力的に対応すること、又開口部などのディテールもそれなりに都市内部で有用であるように変化すべきである。又集合住宅に於いては規模について戸建住宅に近づく必要があろう。簡単に言えば巨大なものをつくらないことである。又密度の上でも戸建住宅に近づけること、150％（容積率NET）くらいに抑えることであろう。このように考えていくと両者の差異が次第に少なくなり、そのようなもののなかに非住居、店舗、オフィス、その他が入り込んでくるとそのような多機能なものが混在したいわゆる街が形成されることになる。プログラムとしてはそのようなイメージをもって街を改造していけば良いのである。

　都市の密度が高くなっていく地域に於いては、集合住宅は他の非住居建築と混在していく。オフィスや商業建築のなかに住居が入り込んでいくというかたちが今後加速されていくであろう。そのような時日本的なかたちというのはどの様なものになり得るのであろうか。

3 ー地域のなかから

　偶然の機会から福島県須賀川市とかかわりをもって10年以上の月日がたつ。その間建築を中心にしてこの地域の特性がなんであるかを探り続けている。なかなか明確なものはあらわれてこないが、次第に見えてきたのが住宅の型である。とくにその平面の構成にはある特性がみられる。それも他の様々な地域と関わりあっていてこの地域だけのものとはいいがたいが、新しく建て直される住宅はその平面から敷地内の棟配置まである種の流れがある。その一つは農家からひきつがれたものであり、他は商家からのそれである。そのような流れを現代の技術や材料で受けつぎ、これからの新しい流れとして多くの人のコンセンサスをえていくことが今求められていることである。

　前者についていえば、先ず母屋が南向き建てられ、それにたいして多くの場合蔵が棟方向を南北にしてつくられる。蔵の出入り口は妻側が主で母屋との関係がこれで緊密になる。そのあと必要に応じて作業場、納屋がつくられていくが、これは農作業の機械化に応じて次第に大きくなっていく。又自動車も何台か必要になればその置き場もということで敷地が建物でうめられる。最近は家族構成の変化ですくなくなってきたが、「いんきょ」という別棟がつくられた。第2章ー2で触れたようにこれら幾棟もの建物が仮設的な「差掛け（さっかけ）」を介して相互につながれ一つの群構成をつくっていく。現在はこのような状態が農業の専業、非専業を問わず配置の考え方に引き継がれていくのがよくみられる。倉庫、車庫といったものしか必要でない場合でも根底から配置が変わるということは少ない。

一方商家についていえば、街の中心では間口がせまく奥行きの深い短冊型の敷地に中庭をとりながら店舗と住居と蔵が並び、表に店構え、裏通りに面して通用門という配置が多かった。このような配置は他の都市でも良く見られることであるが、このあたりの特徴は敷地の広いせいもあろうが屋敷内の配置がややルーズであることである。表通りの拡幅、街路整備などをきっかけにこのような商家を建て直すとき、多くの場合店舗を拡張し車のスペースを確保することが優先する。1階はそのために専用され車は背面におかれることがおおい。前面道路からのセットバックもその構成がむずかしい。結果的には住居部分が2階以上にあがってしまうのだが、全体の構成には新しい方法が必要になってくる。今までの方法でおしすすめると、階段とエレベーターをわきにとった一般的なテナントビルになってしまい、かつての町家のイメージはそこから失われていく。町家の立体化についてはいままで多くの提案が夫々の地域で伝統を受けつぎながらなされてきたが、それが新しい型として根づいていくにはコンセンサスを得るための長い時間が必要である。

　このような地域を背景にして、中学校、地域体育館、中心商店街の街路整備などの仕事をしてきた。人々との接触は間接的なものが多かったが、もっとも声高で語られたのが素材への要求である。一つは木材にたいする根強いこだわりであり、身体との素朴な接触から視覚的な要求まで細かなところにそれは広がっていく。又地場でつくられた素材への愛着も強く、窯変瓦などを新しいかたちでつかう試みなどには強い支持がある。気候風土にたいする建築の役割の理解は極めて明解であり、雨雪、季節風への配慮などには絶対的ともいえる強い姿勢がある。これらにはその地域の暮しが基本的にあって、それとかけはなれたものには強い反発をもつということである。そこには又最も日常的な住居から、時折しか訪れない都市部の商業建築にいたる親近度の系列があって、身近かなものほどその反発は強いのである。しかし人の好みは夫々違うが、それは新しいものをかならずしも拒否することではなく、受け継いでいけるものが内在していればよいのである。例えば豊富な木材の使用については、その形態が新しくても許容していくという具合である。良き伝統の継承はつねにこのような具体的な応答があってそのうえに形成されるのであろう。

4 －建築群の風景

　扇状地の微高地に集落が形成された遺構は古代末乃至中世初頭のものが多く見られるという。現在数少なくなったそのような集落の風景に接すると、これが建築群が自然的要素と一体になってつくりあげた日本的景観であると強く感ずる。たとえば京都府下南部の集落をみると、多くの母屋が平側を南面して連続しそれらの大きさはある幅の範囲でゆるやかに変化する。又レベルがわずかに異なっていて屋根の重なりが遠くからでもよくわかる。切妻面を南にみせるのは蔵、納屋のたぐいで母屋のあいだに挟まれたように点在する。時折寄棟の屋根がみられるが、それは端部であったり折れ曲がった道に接していたりやや特殊な位置であることがわかる。家々の間には高木や垣がはさまれていてみどりと建築がモザイク模様のように織り成されている。やや高いところにみえる大きな屋根は寺であろう。竹やぶや大木が

京都府城陽市の家並み

　背後にそえられている。バックは常緑広葉樹がこんもりとした森をつくり里山が形成されている。ある長い歴史がこのような景観をつくりあげてきたことは間違いない。そしてこのような一つのまとまりと現代の都市との間にある埋めようもない隔たりの大きさにがく然としてしまうのである。

　日本の都市の景観が大きく変わってきたのはいつごろであろうか。戦後木造による建築群のなかにRC造があらわれだしてからであろう。それは規模においては木造を凌駕していたが、量のうえでは木造も減ることがなかった。木造の住宅群はある程度伝統を継承してきたが、RC造およびそれに類するものには継承すべき伝統がなかったといえる。この二つの形式の混在は現在も続いている。組積造をベースにしたRC造の住宅は日本のなかにひろがりをみることはなかった。いずれにしてもこの二つのものはその発生が異なっている。壁構造は伝統を継承できなかったし、RCラーメン造も木造を受け継ぐには相当の距離があった。そしていつの間にかRC造という箱型の建築が一般化し都市のなかに拡散していったのである。

　この二つのものがただ混在しつづけるのであろうか。RC造のなかから日本の風土にあったものが生まれていくのであろうか。RC造と木造との混構造のなかに都市内建築の可能性が秘められているだろうか。今まで見てきたように都市内部においては住居と非住居との境界が次第に曖昧になり、戸建住宅は何等かのかたちで集合住宅に変質していく傾向がある。更に密度の上からの要求もあり、そのような条件でなりたつ建築はRCを中心にした立体であろう。ただそれが全体としてまとまりをもち高い質を確保していくためには、その生産方法、建設方法からリサイクルまでの過程を一変しなければならない。そのような改革を背景に伝統的要素をそのなかにしのびこませることができるであろうか。木造建築はそれでもまだ残るであろう。それは日本の風土に基本的にねざしたものであるからである。ただこのような建築が他の建築と混在していくためには、もう一つ新しい建築のかたの創出が必要となるにちがいない。

● 3-1／敷地との対応
大原の家

法貴六郎　千葉・大原　木造　2階
567.71m²／90.03m²／103.14m²
1986.10　松倉工務店
彰国社

● 凡例
作品名
建築主　所在地　構造　階数
敷地面積／建築面積／延床面積
竣工年月　施工者
写真家

敷地は、外房御宿の街を指呼の間におく高台にある。海から吹きつける風は強いが、四季の海の風景を欲しいままにしたい誘惑にかられる土地である。地形には容易に読み取れる強い特徴があり、またそこを区切る敷地のかたちは海に向かって扇状に開く。直観的にではあるが、敷地の端部を通る背にほぼ平行に1本の軸を設定した。この住宅の平面も立面も、この軸に沿ってすべてが展開する。軸端部に車庫を置き、玄関まで伸びる低い塀は軸を挟んで二手に分かれる。一方は、比較的長い廊下に沿って胴体に当たる部分を形成しながら、2層に重ねられた和室の固まりとして立ち上がる。海風の吹きつける急傾斜の崖の断面ラインは、そのまま伸びて3段に勾配を切り換えた屋根へとつながる。そのようなことで、この住宅の基本的形態は、環境と敷地から読み取った要素によってつくられている。庇のある部分の外壁にはカナダ杉の横

西側外観　外壁　杉板横羽目貼り　屋根　コロニアル葺き

羽目を、庇のない外壁には珪酸カルシュウム板を使ったのは、耐候性を考えてのことではあるが、それ以外にもそのことが、この基本形態に少しでも効果があればという配慮がある。

　ここは、子供を育て上げた夫婦の終の住処である。穏やかな日も荒れる時も、この二次的自然の中で暮らしていく。気張らずに、肌に馴染んでいく住宅をつくってあげたいというのが、設計者の願いであり、激しい建築的主張は、ここでは不必要である。幸い、都市内部で見られるような法的規制や環境からの制約は緩やかであったが、できることなら厳しい条件の下でも、こんな設計態度が取れればと思う。　（『建築文化』1987-12）

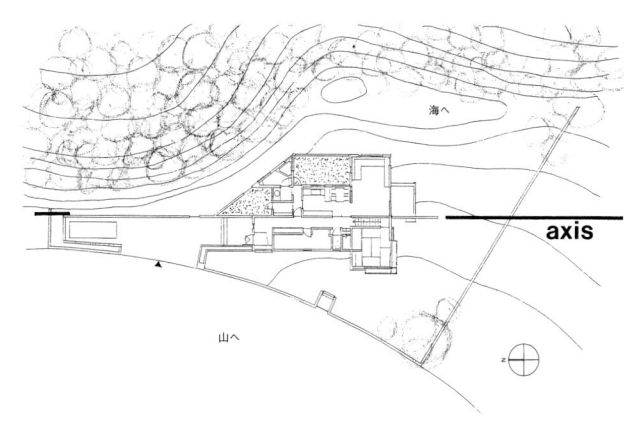

配置図・1階平面図　1/500

浴室　海を望む

● 3-1／敷地との対応
郡家ゴルフ倶楽部クラブハウス

郡家ゴルフ倶楽部　鳥取・郡家町　鉄筋コンクリート造　2階
11,818m²／1,480m²／1,526m²
1974.11　東鉄工業
松岡満男（新建築）

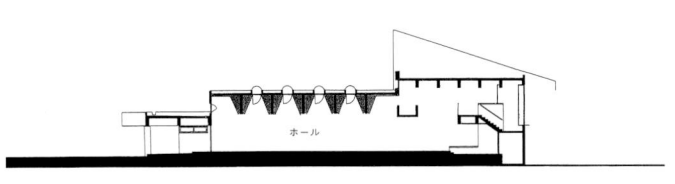

断面図　1/600

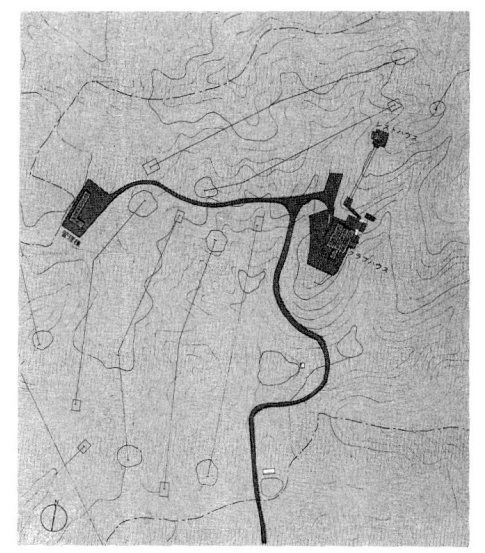

配置図　1/12000

西側外観　外壁　コンクリート打放し

荒けずりのアウトのコースの中からハウス予定地をはじめて眺めてみた時、私自身なぜかペルーのマチュピチュの遺跡を思いうかべた。周辺を深く切りこまれたテーブルが西側の山脈に向かっていっぱいにつき出ていたからかもしれない。アウトのほぼ全体をみわたしさらに八頭川につらなるひろがりを望むためには、いったんこのテーブルの端で下から吹きあげる風をうけとめなければならない。この体験はランドスケープとの対立にかかわるイメージをつくりあげるのに大変有効なものであった。サイドエレベーションをきめる時にはいつもこのことがつきまとってはなれなかった。

　もう一つのことは対の建築ということである。左右をまったく対称にしてかたちとして力をもたせてくると、中央の軸空間は相対的に力が弱められる。サイドエレベーションが強調される。更に中央の軸空間の中に斜交する人の流れを潜在的にすべりこませる。そのためにベンチやカウンターがかたちとして役立つのである。対称軸の目じるしはトップライトの下り天井の中央に入れた切れ目によって表現される。このような中央軸の中のずれはよどみや上層へ人を導く流れをつくり出すきっかけとなっているかもしれない。

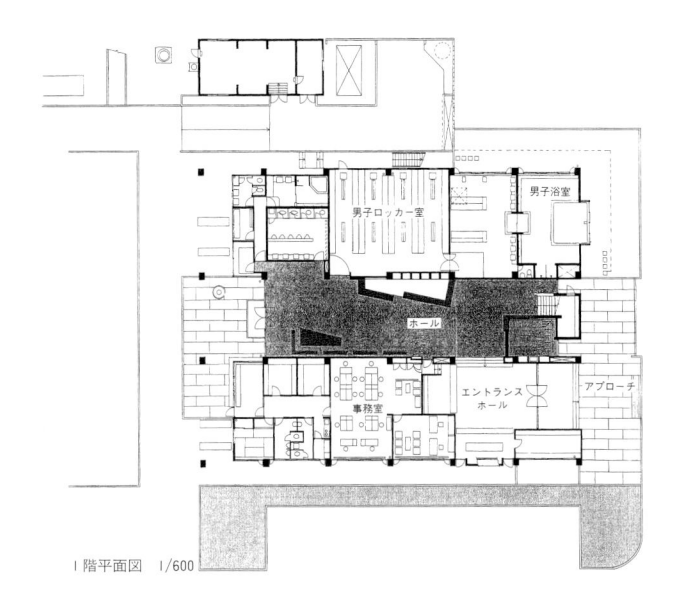

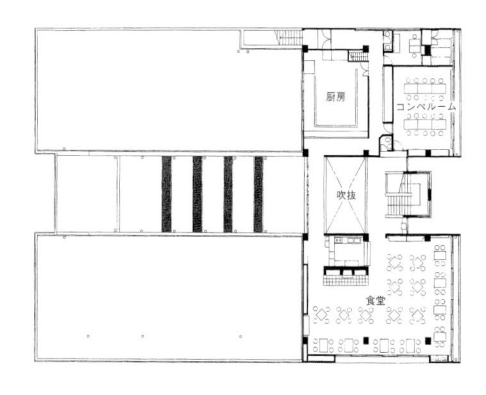

1階平面図　1/600

2階平面図

1階ホール

● 3-1／敷地との対応

表参道の交番

警視庁　東京・渋谷　鉄筋コンクリート造一部鉄骨　2階
97.47m²／42.92m²／73.03m²
1996.4　砂原組
112頁／畑　亮・113頁／新建築

　表参道は欅並木と若者たちの通りで有名であり、商店街は元気で街路づくりにも心を配っている。この中ほどに建て替えられた交番は欅並木と共に生き続けること、通る人びとに安らぎを与えることをまず目的とした。

　本来交番は気安く立ち寄れる開放的な部分と警備上ある程度防御しなければならない部分とのふたつからできている。すなわちガラスで開放され内部がよく見える部分と壁に閉ざされている部分である。この交番もそのふたつのブロックの組合せが基本になっている。

　壁で閉ざされている面を表参道にそのまま見せることはぜひ避けたいと思っていた。そこで外壁の外側にオープンフレームに入れた二重のガラス面を取りつけ、その間に照明器具を入れることにした。外側に面したガラスは反射性の高いもので、昼間は外部の四季折々変わる欅を映すように考える。

夜は照明がついて、内側に面した拡散率の高いガラスにより全体が「行灯」のようになる。そして道行く人びとに柔らかな街のサインとなる。隣地にできる予定のポケットパークと相まって参道の中ほどの休憩スペースにもなってほしい。一方ガラスの清掃、照明器具の取り替えには気を配った。照明器具は通常の蛍光灯ですべて内側の窓を開けて取り替えられる。また、同時にガラスの内側も拭ける。

　敷地内に1本欅の大木がある。地元商店街・道路管理者・設計者との間で伐採か移植かという話もあったが、建物を後ろに引いて残すことになった。欅の落ち葉は大量であるため屋根を変形片流れとし、樋には落ち葉除けのネットを張るなどの対処をしている。欅を守りながら歩道からのひきもつくることができたと思っている。（『新建築』1998-2）

夜景

配置図　1/400

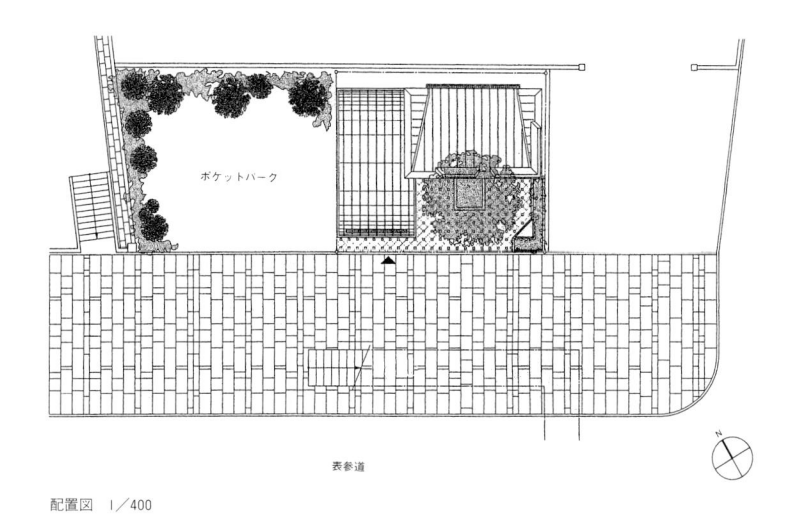

表参道

道路側外観

● 3-2／集合住宅群の形成
鶴牧の集合住宅

【ハイライズタウン鶴牧-6】
住宅都市整備公団・東京支社　東京・多摩
マスタープラン：協同：住宅都市整備公団 東京支社
16,370.02m²　18,485.06m²　4,710.00m²　174戸
実施設計：5・6号棟　鉄筋コンクリート造　5階　2,769m²
　　　　　8・9号棟　鉄筋コンクリート造　2階　678m²
1991.3　アイサワ工業・今西組・コーナン建設JV

【ヒルサイドタウン鶴牧-6】
住宅都市整備公団・東京支社　東京・多摩
マスタープラン：協同：住宅都市整備公団・東京支社
13,839.47m²　17,078.75m²　4,303.16m²　154戸
実施設計：2号棟　鉄骨鉄筋コンクリート造
　　　　　地上11階　地下1階　4,392m²
　　　　　8号棟（集会場）　鉄筋コンクリート造一部鉄骨造
　　　　　2階　1,048m²
1992.3　鹿島建設・東亜建設工事・巴組JV
114頁／畑　亮・それ以外／新建築

　与えられた敷地は、小田急線唐木田駅の近傍で南西面に傾斜した丘陵の中腹にある。多摩ニュータウンのこの付近での住戸密度は、基本的に100戸/haという方針があり、それを中層住棟だけで計画することも可能であるが、少しまとまったオープンスペースをつくり出すためには、高層棟（13～14階）を一つくらい入れて計画したほうがよい。予定地は当初三つのブロックに分けられており、1.0haから1.6haの大きさをもっていた。そこで各ブロックに1本ずつ高層棟を建て、地形との対応を考慮しながら、3本の建物が三角形を構成することによって、三つのブロックを一体化しようと考えた。「high rise triangle」と名付けた三角形の中央に、三つのブロック共通のコミュニケーション施設を広場と共に配するというのが計画の骨子である。設計の進行につれて、そのうちの1ブロック（Cブロック）は集合住宅以外の目的に使われることになり、二つのブロックが残ったが基本的な考え方は変えないことにした。
　Aブロック（ハイライズタウン）は北側に保存林を取り込んだ公園が接しており、周辺道路も明確なエッジを形成している。南側には大松台小学校が接していて和やかな雰囲気がつくられている。敷地をカバーするグリッドは、真南を基軸とした考え方をとり、住棟配置を雁行させることによって単純で硬質な構成が期待できると判断した。南北2列の基本的住棟配置に挟まれた部分には低層住棟を配し、さらに中層住棟の接地階に三世代同居の意味も含めて「はなれ」を付け、

（116頁へ続く）

ブラッツア

集会室棟とこのブロックの入口

(114頁から続く)

それらによってブロック中央部に細街路をつくり出した。一方、垂直方向の空間構成は、接地階と低層部の足元まわり、中層階とその屋上まわり、地上とはある程度縁の切れた高層階の三つに分けられる。そして住棟はそれぞれの特性に従って計画・設計されることが大切である。細街路と共に、南側住棟の緑道側に張り出したフレーム状の部屋（αルーム）と小庭の連なり、小学校の入口とを繋ぐピロティのある住棟、プレイロットの南側の住棟のあき、南北に貫通する住棟間のぬけの路地などはすべてこの足元まわりの演出である。それらの部分の外壁は原則的に白いタイルで明るく仕上げてあり、住み手たちの植栽や道具類のさまざまな表出が日常生活のスケールをつくり出していくに違いない。

　中層棟の最上階には極力ルーフテラスを備え、地上とは少し切れた関係で空間的広がりを生活の中に取り入れようとしている。そのためにはリビングルームとルーフテラスが同一レベルであることが最適であるが、住戸構成の上でメゾネット上階に付属しているものや、ペントハウスによって繋がっているものが含まれている。遮音や防水上の適切な配慮をした上で、ほかの住戸の上にルーフテラスを設ければより空間の繋がりはスムーズとなろう。ブロックのほぼ中央、低層住棟の前にプレイロットがある。30m×15mと小粒ながら砂場以外の遊具は置かず、ベンチと樹形のよいヒメシャラを1本植えた芝生のスペースである。幼児が日がな一日遊んでおり、住棟のどこからでも見守ることのできる南向きの優しい場所になっている。

　Bブロック（ヒルサイドタウン）はAブロックからも唐木田駅へと人を繋ぐところである。二つのブロックとなったが「high rise triangle」の発想を受けて高層棟は1フロアー2住戸のツインタワーとして設計した。このスプリットされた建物の間を通路が走り、さらにそれが中層棟の2層吹抜けのアーケードを貫通し、ブロック全体を南北に繋いでいる。高層棟の北側には硬い床仕上げの広場があり、集会室棟がこれに接している。ここは丘の中腹に当たるところで、富士山も見える「プラッツア」として人びとの賑わいを期待している。非日常的な催しのための仮設テントも用意されている。高層棟の南側にはプライベート・コモンとなる植物を中心とした「あそびの広場」がある。東側の小学校からの傾斜を利用して遊具を置き、斜面への子供たちの好奇心をそそろうと考えた。

　集会室棟は1ブロックとしては大きな規模であるが、ふたつのブロック共通の催しの場としてギャラリーなど多目的に使えるように設計してある。私としては住み手たちのブロックを越えた運営を期待している。

　この集会室棟から駅までは一般の市街地に広がっていく繋ぎの空間である。住戸に付属した「αルーム」がコンクリートのフレームに取り込まれて通り沿いに並んでいる。集会室棟の廻り階段の脇にある浅い池から、細い水路が一条このフレームに沿って流れている。店舗の営業ができない現在、在宅のまま趣味を生かして社会的接触を積極的に図ろうとする住み手たちの活動が盛んになれば、通りにも賑わいが生まれるであろう。通りはまた、唐木田駅から伸びてくる桜並木になるという。住宅・都市整備公団の住区のエッジが、一般市街地に優れた贈物を提供するべくさまざまな努力をつづけていく現在である。（『新建築 住宅特集』1992-9）

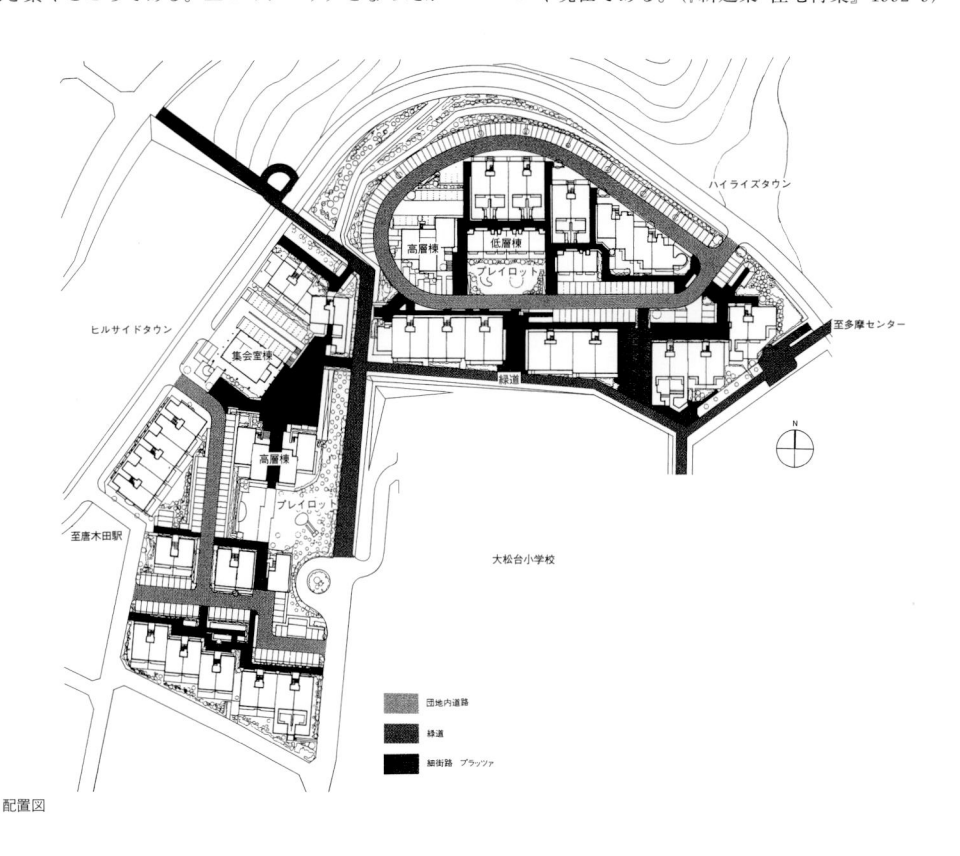

配置図

緑道に面した住棟と1階まわり

公道沿いの住棟と1階まわり

テラスハウスの間の路地

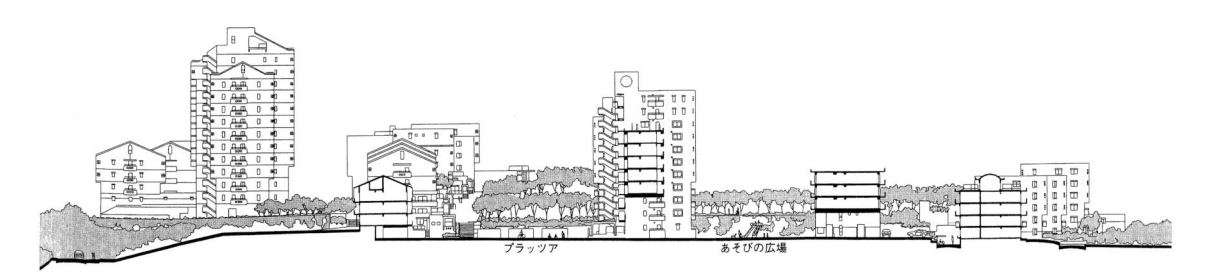

縦断面図

各棟をむすぶアーケード

● 3-2／集合住宅群の形成
蓮生寺公園通り一番街～三番街

CCR道路の橋から一番街と二番街を望む

北立面図

121

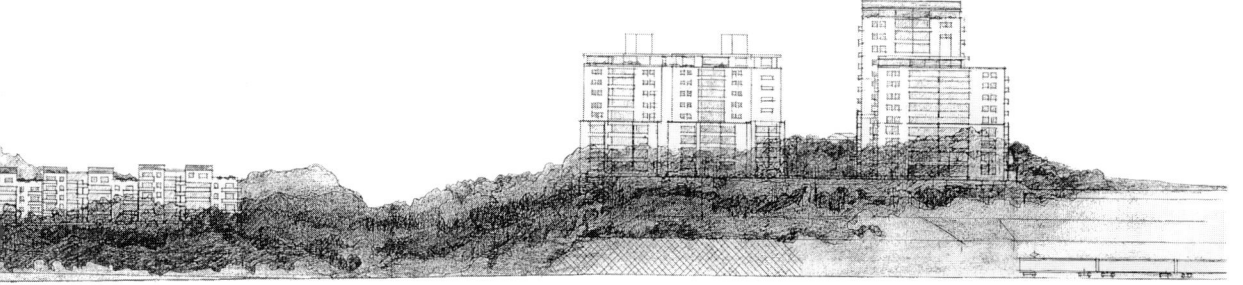

住宅都市整備公団・東京支社　東京・八王子
マスタープラン：協同：住宅都市整備公団・東京支社
【一番街】
13,132.97m²　3,757.70m²　18,163.70m²
実施設計：3号棟（集会所含む）鉄筋コンクリート造
地上14階　地下1階
1994.3 西松建設・大豊建設・古久根建設JV
【二番街】
10,692.69m²　1,869.74m²　7,571.11m²

実施設計：1〜5号棟（集会所含む）鉄筋コンクリート造　4・5階
1994.3　東海興業
【三番街】
24,995.38m²　4,848.10m²　27,839.66m²
実施設計：4号棟　鉄筋コンクリート造　8階（一部4・5階）
　　　　　5号棟（集会所含む）　鉄筋コンクリート造　14階
1995.3　東洋・受注連建設・日東建設・小田急建設・東海興業・岩田建設JV
新建築

　既存植生が残されている蓮生寺という名の小高い丘を、ぐるりと一回りする道路には、コミュニティ・コレクター・リングロード（CCR道路）という機能が与えられている。駅に近いほうから密度が少しずつ減らされ、一番遠いところは戸建住宅となり、再び中密度の住区がこの道路に結びつけられている。将来ここにはバスも通る（このCCR沿いの街区の整備指針は住宅・都市整備公団南多摩開発局とアルセッド建築研究所によってすでに示されていた）。その入口にあたる部分が、新しく名づけられた蓮生寺公園通り一番街から三番街である。入口は少し急だがしだいに緩やかになり、ほぼ上りきったところが、三番街である。またこれら街区は京王相模原線に沿って東西に帯状に伸びており、やはり帯状に伸びる北側の住宅地の対面には東京都立大学の丘陵が対峙している。周辺からの景観およびCCR沿いの空間のシークエンスの双方から、これからの街区は計画される必要があった。
　北側からの景観については、中密度街区という点と北側法面の植生保存および緑化という点を考慮し、中層住棟を主としつつそれらの間にポイントとなる高層（14階建）および亜高層棟（10〜8階建て）を挿入することとした。また同時に地形の起伏と敷地面積の上から、一番街がはじまりで一旦三番街で終わる一つのまとまりとしてのつながりを実現させたいと考えた。一方CCR沿いの景観については、たまたま二番街と三番街との間に小さな谷がありそこに橋がかけられたのを機に、ここを一つの転換点ととらえ起承転結の四部構成ができ上がった。この結果入口から三番街までの空間的シークエンスは、南側の都営住宅（現在建設中）、北へ伸びる辻のひろばを挟みながら、一つのまとまりをもつことができたと思っている。形態的なことに関していえば、北側からの景観では足元の緑を確保し、各住棟の頂部にはクロスヴォールト、ヴォールト、PC版曲面パネル等をのせ、それを共通言語としている。CCR沿いでは公道に面した住戸のかまえは議論を呼ぶところではあるが、特に接地階ではRCのフレームをまわし内部に専用テラスを取りこみ、間に植栽帯の共用空間を挟み込んだ。CCRをいきかう人びとと接地階の生活者との間にどのような関係がこれから生まれるのか、閉鎖的でもなく開放的でもないこのあいまいな空間は、はたして日本の風土に根づくであろうか。建築的装置として植栽との組合せによる境界の構成というテーマには今後多様な試みがあってもよいであろう。
　二番街はきわめて細長い敷地であるため内部にコモン・スペースを取る余裕はなかったが、他のふたつにはいわゆるプライベート・コモンがつくられている。これは住民たちの共同の庭としてとらえられている。その管理運営にはゆっくりと時間をかけ、住民たちが知恵をしぼって共有化を果たしていかなければならないであろう。そのためにしておかなければならないことは、まずスペースの確保であるが、次にはつくり込みすぎないことだと、私は痛感した。一番街では数本の高木だけが植えられており、淋しい思いもしたが、どのような庭にもなり得る可能性がある。一方コモン・スペースを内部に取り込むことは、同時に住棟が囲み型となることであり、それによって共同の専有性が保たれるのであるが、日本の風土という点からも、空間的に抜けたところがあって閉鎖感を生じさせないことが大切である。そのために一番街では至るところに通り抜けの径があり、駅への近道としても利用されている。いずれ向かいの都営住宅の人も通るであろう。それはまたコモン・スペースを変質させるものであり、人の径とたまりの分離を促進させるかもしれない（立地上三番街ではこのような現象はおこるまい）。しかし抜けの空間はまず風の通りみちであり、周辺景観を取り込む額縁でもある。境界領域を積極的にあいまいにすることは、日本人の住環境のつくり方のひとつではないだろうか。
　一番街と三番街に建つ2本の高層棟は同一の設計で正方形九分割の平面である。中央に5m角のボイドを取り風の抜けみちにしている。光に関しては接地階で日中300lux程度と明るさが減じ決して有効ではないが、内部の廊下に外の気配がしのび込むことは可能である。できれば各住戸の扉や窓をこれに面して開放したかったが法規上無理であった。平面的には対角線を南北軸に一致させており、1フロアー3住戸間の外壁面比率と対方位関係は比較的バランスが取れている。一方当然のこととはいえ、高層棟というのは低層部、中層部、高層部の垂直集合体であり、下から上まで同じしつらえというのはきわめて矛盾したことである。その結果本来はそれぞれ平面も断面も異なるべきであろう。必然的に形はボトムヘビーとなり安定感も増す。しかし同時に下部には内部空間が増え、外気との接触は少なくなる。これをどのように解決するか、今後に残された課題であろう。
　いずれにしてもこの計画は蓮生寺の丘をめぐる一つの線状プランであり、景観的にも、シークエンスの形成上も単純明快にとらえることができた。もしこれが面的拡がりをもっていたとしたら、まとめ上げるための方法の次元が増え、モザイク構成の原理といったものをもち込んでいかなければなるまい。部分と全体という課題ももう一歩つっこんで考えることが必要であり、それは私にとっても次の課題である。（『新建築　住宅特集』1994-11）

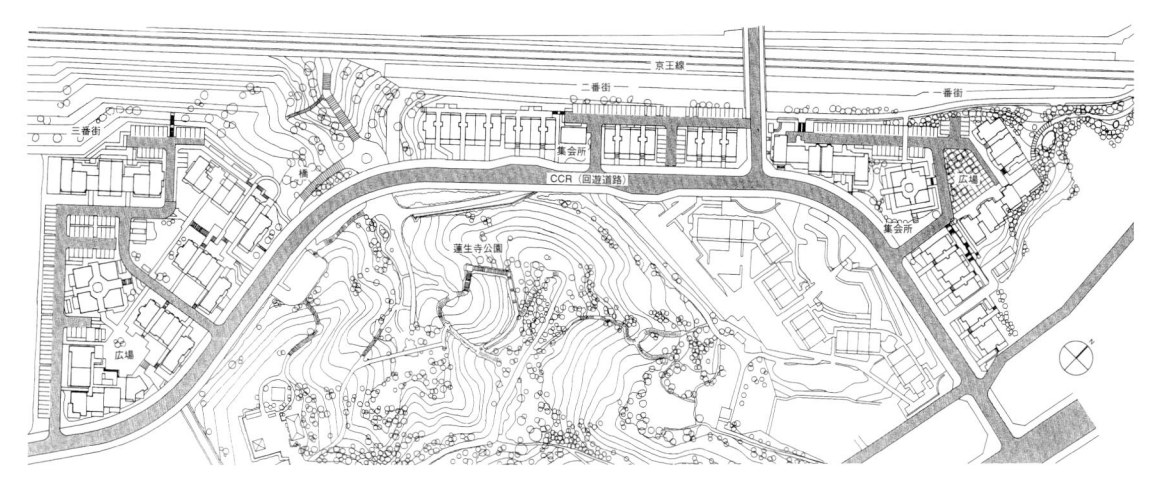

配置図

一番街のプライベートコモン

CCR沿い三番街の1階テラス

CCR沿い一番街の1階まわり

一番街の裏側路地

● 3−3／地域のなかから
仁井田中学校

須賀川市　福島・須賀川　鉄筋コンクリート造及び鉄骨造　3階
27,520.64m² / 2,985.31m² / 4,890.91m²
2000.4　五洋・横山JV
畑　亮

　須賀川市の仁井田集落は古くから集落としてのまとまりが強く、道路形状や建築群の配置が戦後殆どかわらない数少ない例の一つである。そのような集落のはずれにある中学校の建替計画であるが、集落と一体化したイメージを多くの人がいだいており、それが一つのテーマであった。更にそのような状況に加えて中学生同志のコミュニケーションの活発化、地域の人々の交流といったさしせまったテーマが重ねられている。周囲はのんびりした水田地帯であり、どこからでもみえる対象であるだけに、集落との景観的つながりをもたせることが必要であった。形態的には勾配屋根に素材のうえからはすでに消えかかっている土地の伝統的な赤い窯変瓦を葺くことでそれに対応している。また教師を含めた中学生同志のコミュニケーションについては二列平行の校舎をはさんで、両側に広い廊下をとり相互の視野を交錯させ局所気候にも注意を払いながら交流がうまれることを期待している。地域の人々の利用はメインアプローチから段階的に領域形成をおこなって、多目的室、図書室、音楽室、コンピュータ室と順次開いていくことができるプランをつくりあげている。平行した線形プランはその間を結ぶブリッジ、エントランスホール、ギャラリーなどによっていくつかのサーキュレーションをうみだし、フォーマルなアプローチ空間に対応して親しみのある中庭、屋上デッキなど学校生活のなかに多様な場面を形成していくのである。

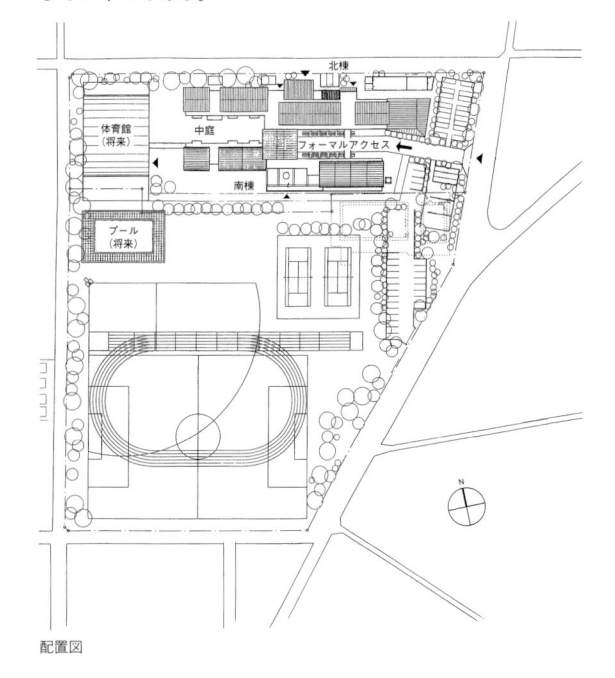

配置図

南側全景　屋根　窯変瓦葺き　ガリバリウム鋼板葺き

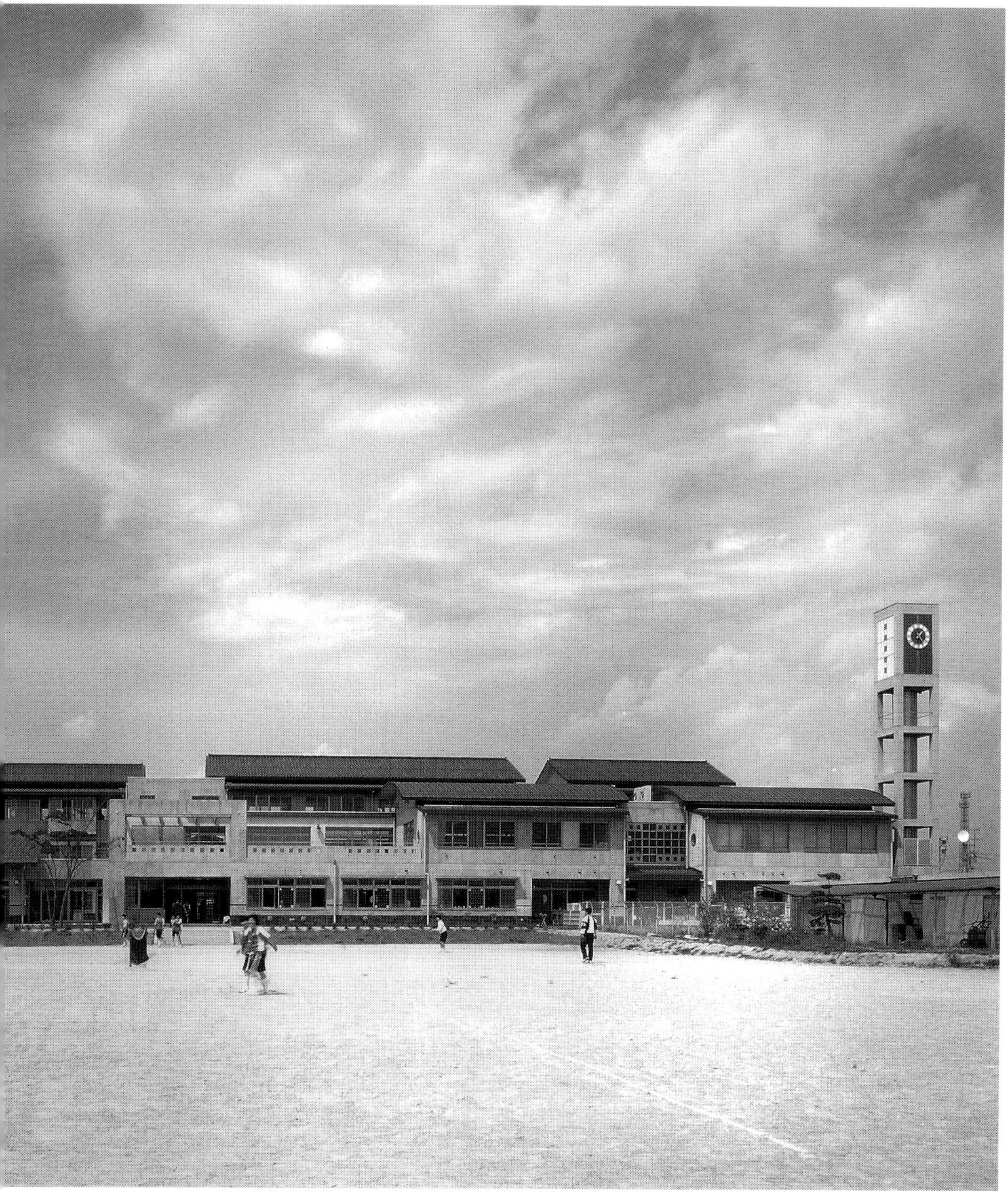

北側外観　外壁　コンクリート打放し　撥水剤

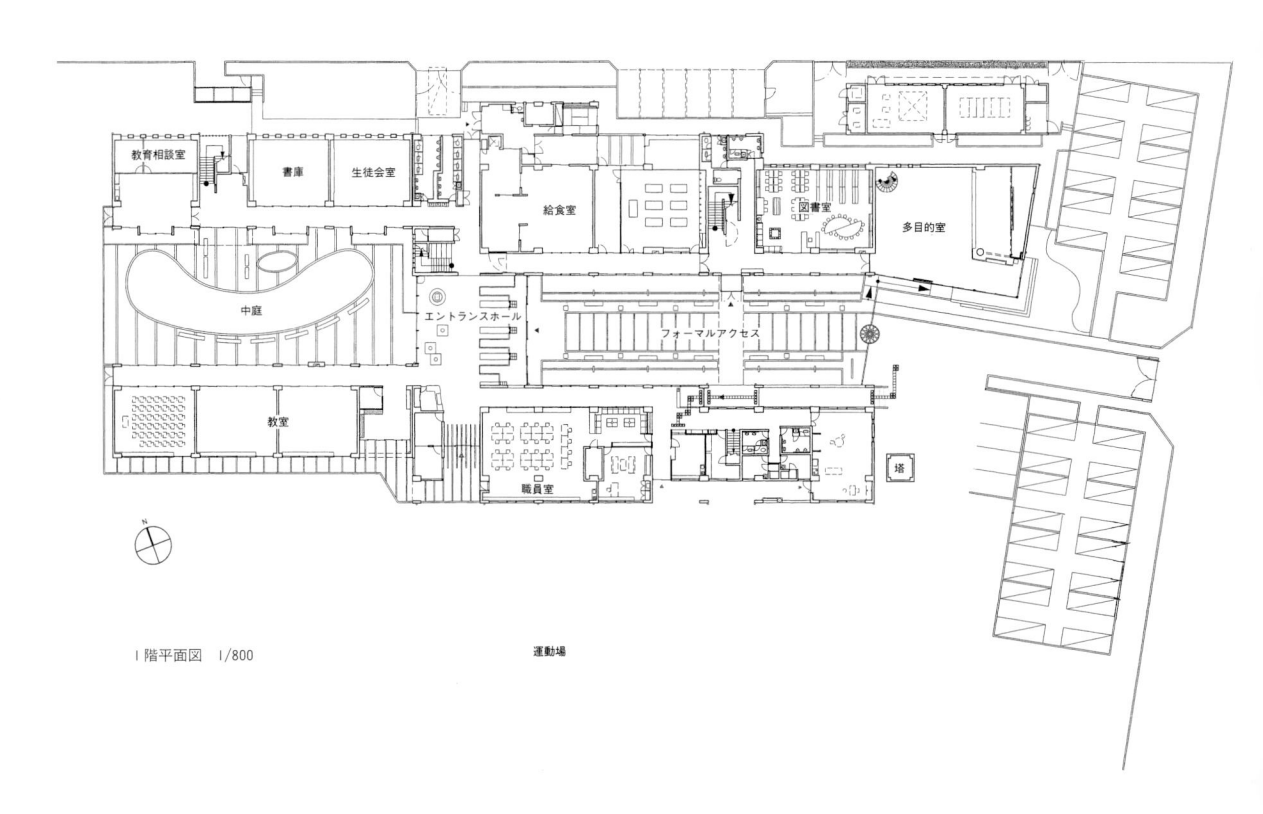

1階平面図　1/800

アプローチからみる

フォーマルアプローチ

エントランスホール

中庭

南側廊下

音楽室

終章

　設計という建築造形の一領域にたずさわって来て常に考えることは、建築が人の生に与える喜びについてである。設計をしたいと思った一つのきっかけが、すぐれた建築からうけた感動であり、それはその後も繰返し繰返し経験して来たことである。そのような経験の内容を言葉にすることは困難であるが、そのうちの一つを挙げるとすれば、秩序をもっている建築が強い感動を人に与えることが出来るということである。そしてその秩序は一つには概念として、一つには実在として語ることが出来る。

　概念としての秩序には、先ず数理的整合性が挙げられる。寸法体系がすぐれた比例、数列のなかにおさめられているような場合、それは多分、力の流れや人の動き、光と影のバランスなどから帰納されて出来上がったものであろうが、見るものの目をひきつけてやまない。そのような体系にもとづいて建築に与えられる造形原理のなかに分節という概念があるが、これによって建築の命は左右されると言っても過言ではない。すぐれた分節は建築に躍動感を与え、論理的構成の明かしを顕在化する。そしてもし、まちがった分節を行ってしまえば、人に感動を与えることは出来ない。この分節の延長線上に明瞭な構法がある。ここには当然、素材も関係して来るが、それ以前に支持するものと支持されるものの関係がある。或いは枠どりをするものと充填されるものとの関係がある。歴史に残るすぐれた建築だけでなく、伝統的な素朴な民家のなかにも正直な構法を明示しているものがある。この構法という概念を秩序づけているものは階層性であるということが出来る。

　それは建築を構成している各部分相互の関係がどう全体のなかに位置づけられているのかということにかかわってくる。極めて小部分が次第に大きな部分のなかに統合され、それが最終的に全体へと導いていくような建築ばかりではない。小部分が或る場合には一つの全体を表現したり、その集合が全体のなかで極めて重要な役割をしたりすることがある。そのようなものを含めての整合性がこれからも問題にされるのである。

　建築がもし領域というものを形成するのであるとしたら、それが時代によって不明瞭になって来たことに人々は気づいている。そしてその境界も同時に曖昧になって来たり、多重化したり、両義の側面をもって来たことを認めざるを得ない。そのようなもののなかに数理的整合性と言えるものがあるのか、私達は何枚も重なり合っている層（レイヤー）を透視してそれを読みとらなければならないであろう。

　実在としての秩序に話を移すとしたら、個々の素材の肌理からはじめる方が理解を得られやすい。部分を注視すると或る場合、そこには一つの全体がみえて来ることがある。例えばアーチ窓を分割する一本の石の方立は建築を支える柱となったり、その風化した肌理に長い時間の堆積がみてとれたりする。回廊に立つ列柱とアーチの影が床に規則的に落ちている時、そこにはある数理的整合性が実在としてえがかれている。屋根の小ドームが幾重にも重なりあったモスクをみていると、その鉛板の重ね合せや一枚一枚の形状が極めて高い合理性を示していて、時折そこを流れる雨水に出会うと更にその感を強くする。

　乾いた空気にはそれは対応し、湿潤な場所ではそれなりに、建築はすがたを変える。それはその場所の建築であることを示している。必ずしもその場所

の素材ではなくとも、それがはるか遠くから運ばれて来たものであっても、その素材をつないで来た系がその場所と深いかかわりにあれば、それは生きつづけていく。歴史的建造物のなかにみられる異なった素材の組合せ、例えば木彫をした柱と煉瓦の壁によって支えられている混構造の中国西域の廟（アバ・ホジャ廟*1）などはこの建築がこの場所のそれであることを雄弁に物語っている。

　その時代の明瞭な建築言語を駆使して、明瞭な文法構成に従って築かれている建築、そこには時代のなかで磨きぬかれた醇化作用がある。不用なものを根こそぎそぎ落した過程がある。それは多分すぐれた建築家によって行われたものであろうが、それを支えて来た時代もある。一例を挙げればオスマントルコの建築、エディルネのキュリエ(*2)にみられる立方体、均等な窓、ドーム、煙突といった建築言語の厳密な構成が絶対的な沈黙を顕示しているのである。

　このような建築が群となって一つのかたまりをつくっていく時、そこにあるまとまりをつくることが出来れば、人はそのなかで生の喜びうけとり、大切な環境としてうけついでいくであろう。そのようなことのためにも人は建築を築きあげて来たのである。一つ一つの建築のもっている秩序が折り重なって、全体の秩序のなかに統合されていくことは、一方で人々によるそれなりの形成努力が必要になる。充分に時間をかけて練り上げられた共同意志といったものが力となるのである。かつて多くの地域でこのような努力が続けられ、建築の群として素晴らしい環境を築き上げて来た。しかし近代社会のなかで先ず人々の共同生活が崩壊し、個人の粒となって都市のなかに散乱してしまった時、このような建築的環境を築くことは当然不可能になっていったのである。

　建築の設計行為のなかで、どこ迄群を意識し他とのつながりがもてるように動けるか、それは一つの建築に於ける秩序を考えることよりも、現代でははるかに困難な仕事であろう。先ず共有出来る秩序を探し出していかなければならない。生活の仕方のなかにも極めて多様にみえる面と、大多数が流されていく面とがあり、全体としてあるべき方向をむくこと自体が困難である。しかし、おそらく生物的な危機感によって最小限の秩序をつくりあげ、まもり抜いていかなければならないことを、心のどこか深いところで人は認めているにちがいない。それを基盤にして新らしい建築的環境をつくり上げていく以外に方法はないだろう。

註
*1　アバ・ホジャ廟
現在の中国ウイグル自治区、カシュガルにあるかつての権力者だったホジャ一族の墓で、今はアバ・ホジャの孫の香妃が祀られている。18世紀末完成。木造と組積造の折衷的な廟の複合建築群を形成している。
*2　エディルネのキュリエ
トルコ北部、ブルガリアとの国境に近い街エディルネはかつて首都でもあったところ。ハヤズィット二世のキュリエ（モスクを中心とする都市施設で教育、施療、救貧など人が生きていくために最も必要とされるものを集めた建築群）はその郊外に建つ。1484-88年に建設された。モスク、施療院、ハンセン病患者のための施設、医学校、救貧食堂、パン焼き室などで構成されている。

● 作品リスト

凡例
・作品名
・建築主　所在地
・構造　階数　延床面積
・竣工年月又は終了年月　施工者
・掲載誌
・その他
＊は本文中に作品掲載をしたもの

1961—————
●南柏の家＊
保坂陽一郎　千葉・流山
木造　平家　66m²
1961.10　フワ建設
建築文化(61.8)，L'ARCHITECTURE D'AUJOUR D'HUI(62.9)，International Asbetos-cement review AC34(64.4)，現代日本の住宅(彰国社)，結婚全書(主婦の友社)，すまい(71.1)，建築文化(82.12)，建築知識(86.6)

1964—————
●大阪芸術大学(浪速芸術大学)競技設計案
大阪芸術大学　大阪・河南町
1964.8
国際建築(64.11)，近代建築(64.11)，建築(64.11)，Japan Architecture(65.1)
2等入選

●小林邸
小林功武　多摩・桜ヶ丘
木造　平家　85m²
1964.10

1965—————
●プロジェクト創造的都市
1965.9
建築文化(65.11)，L'ARCHITECTURE D'AUJOUR D'HUI(66.9)，Stadtstrukturen für morgen(71)

1967—————
●笠井邸
笠井盛男　川崎・鷺沼
木造　2階　123.5m²
1967.10　フワ建設
すまい(71.1)

●アムステルダム・シティホール競技設計案
オランダ・アムステルダム
1967.11
建築(71.8)

1968—————
●Tホテル国際会議場計画案
1968.1
建築の模型(彰国社)，建築ノート4(建築知識別冊)

●山口邸
山口　武　川崎・野川
木造　2階　81.2m²
1968.8　昭和建設工業
建築文化(68.12)，建築知識(70.1)
すまい(70.6)，すまい(71.1)

●諸橋邸
諸橋良吉　東京・世田谷
木造　2階　135.3m²
1968.12　昭和建設工業
建築文化(69.4)，ホームアイデア(70.9)，すまい(71.1)

●最高裁判所競技設計案
1968.12
建築ノート4(建築知識別冊)

1969—————
●甲府の家＊
山口源造　山梨・甲府
鉄筋コンクリート造　2階　211.8m²
1969.3　渡辺建設工業
建築文化(69.5)，新建築(69.5)，JA(68.6)，JA(69.7)，すまい(70.1)，Decorative Art in Modern Interior(1971/72)，すまい(71.1)，建築知識(72.7)，ディテール(75.10)，住宅設計教室(73.6)，住宅の設計と詳細RC造(技報堂出版)

1970—————
●箱根国際観光センター競技設計案
1970.2
建築(71.8)，建築の模型(彰国社)

●撥の家＊
泉晋太郎　川崎・馬絹
鉄筋コンクリート造　2階　352.4m²
1970.8　フワ建設工業
建築文化(70.9)，都市住宅(71.1)，すまい(71.1)，住まいと暮らし(77.1)

●レストラン　ぱすとらーる
泉晋太郎　川崎・馬絹
鉄骨造　2階　145.4m²
1970.8　大晃工務店
商店建築(70.9)

1971—————
●志田邸
志田佳治　東京・千駄ヶ谷
鉄筋コンクリート造　2階　221.42m²
1971.3　フワ建設
すまい(71.1)，住宅毎日(71.11)，建築知識(71.12)，新しい住まいづくり(72.8)，家庭画報(74.9)

●池田邸
池田志omega　千葉・柏
木造　2階　127.7m²
1971.3　椎名建設工業
すまい(71.1)，モダンリビング(71.78号)，住まいと暮らし(77.1)

●荒井邸
荒井啓次　東京・高島平
木造　2階　111.5m²
1971.4　大晃工務店
すまい(71.1)，住宅毎日(71.12)，建築知識(72.1)，住まいとインテリア(日本放送出版協会)，モダンリビング(78号)，住まいと暮らし(76.1, 77.1)

●メゾン西台
荒井啓次　東京・高島平
鉄骨造　4階　413.5m²
1971.4　大晃工務店

●清水邸
清水重喜　東京・中井
木造　2階　96.5m²
1971.7　鈴本工務店
マイホームプラン(7号)，家庭画報(74.9)

●桐友学園(第一期工事)＊
社会福祉法人　桐友学園　千葉・沼南
鉄筋コンクリート造一部コンクリートブロック造　平家　1,750m²
1971　大成建設
建築(71.8)，新建築(72.3)，JA(71.1)，E+P(Callway)，建築の模型(彰国社)

●拠点
長野・八千穂
第一期　1971　保坂陽一郎建築研究所＋有志
第二期現在継続中　保坂＋有志

1972—————
●日本住宅公団東京支所委託研究　中密度集合住居開発計画
日本住宅公団東京支所
1972.3

●池田邸書斎
池田忠美　千葉・柏
木造　平家　30.4m²
1972.4　椎名建設工業

●佐久印刷所
臼田泰雄　長野・佐久
鉄筋コンクリート＋鉄骨造　2階　644m²
1972.6　青木屋建設
店舗と建築(77.2)

1973—————
●川村医院＋川村邸
川村辰雄　東京・練馬
鉄筋コンクリート造　3階　558.8m²
1973.3　丹勢建設

●五日市カンツリー倶楽部クラブハウス
五日市カンツリー倶楽部　多摩・五日市
鉄筋コンクリート一部鉄骨造　平屋　2,490m²

1973.7　東鉄工業
新建築(73.10)，ディテール(73.10)，JA(73.12)，建築のDESIGN＋DETAIL鉄骨造I(彰国社)，建築設計実例集 クラブハウス(南洋堂出版)，ゴルフ場セミナー(73.12, 75.8)

●あけはら社員住宅
池田興産　千葉・柏
鉄筋コンクリート造　3階　444m²
1973.9　椎名建設工業

●臼田追分別邸
臼田金爾　長野・追分
木造　2階　81m²
1973.11　岩野建設
ディテール(75.10)

●東海興産三軒茶屋ビル
東海興産　東京・三軒茶屋
鉄筋コンクリート造　5階　834.5m²
1973.12　竹中工務店

●方南町ハウス
富士　東京・杉並
鉄筋コンクリート造　3階　275m²
1973.12　小田急建設

1974────────
●成瀬邸
成瀬知則　東京・八王子
木造　2階　135.7m²
1974.3　鈴木工務店
住宅設計(No.51)，すまい(74.10)

●あけぼの社員住宅
池田工業　千葉・柏
鉄筋コンクリート造　5階　1,102m²
1974.3　椎名建設工業
ディテール(75.10)

●フクダ電子横浜販売本社ビル
フクダ電子横浜販売　神奈川・横浜
鉄筋コンクリート造　2階　282.2m²
1974.5　丸井建設
店舗と建築(77.4)

●高野パールショーウィンドーディスプレイ
高野パールカンパニー　九段グランドパレスホテル
1974.5　三葉工業

●遠藤邸(和田町の家)＊
遠藤和治　山梨・甲府
鉄筋コンクリート造　2階　370m²
1974.7　内藤工業
建築文化(74.12, 80.2)，ニューハウス(76.11)

●TERRA I ワルシャワ国際建築展
ポーランド・ワルシャワ
1974.8
建築ノート4(建築知識別冊)

●中井店舗併用集合住宅
東電不動産管理　東京・中井
鉄筋コンクリート造　2階　地下1階　1,091m²
1974.10　小田急建設

●郡家ゴルフ倶楽部クラブハウス＊
郡家ゴルフ倶楽部　鳥取・郡家町
鉄筋コンクリート造　2階　1,363m²
1974.11　東鉄工業
新建築(75.6)，建築のDESIGN＋DETAIL 鉄筋コンクリート造I(彰国社)，ゴルフ場セミナー(75.8)

1975────────
●ニッシンシーロアー
日新印刷　神奈川・横須賀
木造　2階　197m²
1975.7　協立産業
ディテール(75.10)，建築知識(76.7)，建築のDESIGN＋DETAIL 木造I(彰国社)，住まいと暮らし(77.1)

●ドライブインレストラン甲運亭
甲運亭　山梨・石和
1階一鉄筋コンクリート造　2階一木造　212m²
1975.8　宮川工務店
店舗と建築(77.3)

●鈴木医院増改築
鈴木基広　山梨・上野原
木造　2階　増築部分222m²
1975.12　高橋材木店

●高野パールショーケース
高野パールカンパニー　ホテルグランドパレス
1975.12　浜野製作所

●小林邸
小林　實　東京・江戸川
木造　2階　145m²
1975.12　松倉工務店
新建築(76.9)，ディテール(79.1)，建築のDESIGN＋DETAIL 木造I(彰国社)，新建築(81.6臨時増刊)

1976────────
●池田邸
池田嘉三郎　千葉・西千葉
木造　2階　148m²
1976.3　阿部建設

●笈川邸
笈川義雄　東京・大塚
木造　2階　135m²
1976.6　不二建築

1977────────
●さらしな乃里＊
赤塚善次郎　東京・築地
鉄筋コンクリート造　3階　280m²
1977.2　三昌建設

●流山市立第8保育所
流山市　千葉・流山
鉄筋コンクリート造　2階　809m²
1977.3　長岡建設工業
新建築(77.6)

●久保木邸
久保木寛　東京・小岩
鉄筋コンクリート造　2階　104m²
1977.3　三昌建設

●武蔵野美術大学美術資料図書館第2期工事
武蔵野美術大学　東京・小平
鉄筋コンクリート造　2階　2,496m²
1977.4　大成建設
新建築(77.2)，現代建築(77.4)，JA(77)，DA図書館(彰国社)，ディテール(78.1)

●石和温泉旅館組合会館
石和温泉旅館組合　山梨・石和
鉄筋コンクリート造　2階　208m²
1977.5　風間建設
現代建築(77.4)

●NCCビル
日本コネチカットソー　東京・田園調布
鉄筋コンクリート造　5階　1,379m²
1977.5　池田建設
新建築(77.10)，店舗と建築(78.1)，BEN(78.2)，商業空間(78.4)，建築界(79.9)

●赤星邸
赤星至朗　山梨・甲府
鉄筋コンクリート造　2階　207m²
1977.7　内藤工業

●天田富士別荘
天田　勇　山梨・鳴沢村
木造一部鉄筋コンクリート造　2階　523m²
1977.7　藤木工務店
ディテール(79.1)

●アマダ広島・静岡・高崎営業所
アマダ　五日市町・静岡市・高崎市
鉄筋コンクリート＋鉄骨造　2階　423m²
1977.8　池田建設

●天田邸
天田満明　東京・田園調布
木造一部鉄筋コンクリート造　2階　241m²
1977.8　藤倉組
ディテール(78.7, 79.7)

●流山市立向小金小学校及び西初石小学校屋内運動場
流山市　千葉・流山
鉄骨造　平家　821m²　842m²
1977.12　高森建設　中村組

●天田湯河原別邸(湯河原の家)＊
天田　勇　神奈川・湯河原

木造一部鉄筋コンクリート造　平家　一部2階
444m²
1977.12　池田建設
建築文化(78.4)，建築のDESIGN＋DETAIL 木造
I (彰国社)

1978————————————
●名護市庁舎競技設計案
名護市　沖縄・名護
1978.11
建築ノート(建築知識別冊)

1979————————————
●流山市立第6保育所増改築
流山市　千葉・流山
鉄筋コンクリート造　平家　一部既存改修478m²
1979.3　染野工務店

●野毛テラスハウス*
グリーンバレー　東京・野毛
鉄筋コンクリート造　3階　668m²
1979.4　池田建設
新建築(79.6)，日経アーキテクチュア(79.4-30)，近代建築(79.6)，JA(79.10)，日本の低層集合住宅(鹿島出版)

●武蔵野美術大学第1倉庫
武蔵野美術大学　東京・小平
鉄筋コンクリート造　2階　414m²
1979.4　大成建設
新建築(79.5)

●アマダ本社＋展示館*
アマダ　神奈川・伊勢原
本社ビル　鉄骨鉄筋コンクリート造　10階
展示館　鉄骨造一部鉄筋コンクリート造　1階
地下1階　計10,675m²
1979.10　池田建設

●甲運亭*
保坂哲朗　山梨・石和
鉄骨造一部鉄筋コンクリート造　2階　地下1階　1,292m²
1979.10　早野組
建築文化(80.3)，商店建築(80.8)

●クロースタジオ
アリキ　東京・越中島
鉄骨造　6階　882m²
1979.10　池田建設

●在日大韓基督教会東京教会*
宗教法人在日大韓基督教会東京教会　東京・飯田橋
鉄筋コンクリート造一部鉄骨造2階　地下1階
1,106m²
1979.12　フワ建設
新建築(80.3)，建築文化(80.3)，JA(80.3)

1980————————————
●クラブ華内装

河西桂子　山梨・甲府
67m²
1980.2　内藤工業
商店建築(80.9)，近代建築(81.11)

●佐久の家*
臼田泰雄　臼田行孝　長野・佐久
木造一部鉄筋コンクリート造　2階　266m²
1980.2　大進建設
建築知識(79.8)，近代建築(81.11)，建築文化(82.2)

●新「建築会館」競技設計案
東京建築学会　東京・三田
1980.7

●Municipal Market/Bus Terminal Redevlopment 計画
フィジー
1980.10　協同：パシフィック・コンサルタンツ・インターナショナル

●葉山の家*
田草川定一　神奈川・葉山
木造　2階　130m²
1980.12　秋山工務店
建築文化(81.7)，近代建築(81.11)

1981————————————
●伊奈東京ショールーム内装
伊奈製陶　東京・京橋
1,800m²
1981.3　白水社　協同：岩淵活輝　若鍋忠志
近代建築(81.5)，新建築(81.6)，店舗と建築(82.3)

●ゆあみのあゆみ展示
伊奈製陶　東京・京橋
120m²
1981.4　保坂陽一郎建築研究所
近代建築(81.5)，ゆあみのあゆみ(伊奈ギャラリー)

●馬橋の家*
塚田　昭　千葉・馬橋
木造　2階　105m²
1981.4　大前工務店
建築文化(81.7)，近代建築(81.11)

●善光寺の家*
保坂　明　山梨・甲府
木造一部鉄筋コンクリート造　平家　一部2階
318m²
1981.4　秋山工務店
近代建築(81.11)，住宅建築(85.5)

●TERRA II　ワルシャワ国際建築展
ポーランド・ワルシャワ
1981.5

●雑司ヶ谷の家*

鎌田道宏　東京・雑司ヶ谷
木造一部鉄筋コンクリート造　2階　地下1階
124m²
1981.6　鈴木工務店
建築文化(81.7)，近代建築(81.11)

●クラブまり内装
竹本照子　東京・赤坂
59m²
1981.9　上狭工務店
近代建築(81.11)，商業建築(82.2)，商業空間(82.7)

1982————————————
●中馬込の家
真壁英雄・英子　東京・中馬込
鉄筋コンクリート一部鉄骨造　3階　地下1階
315m²
1982.4　和田建築
建築文化(82.8)

●World Village
アラブ首長国連邦・ドバイ
1982.3　協同：パシフィック・コンサルタンツ・インターナショナル

●富士の納骨堂*
宗教法人在日大韓基督教会東京教会　静岡・富士霊園
鉄筋コンクリート造　平家　32m²
1982.4　フワ建設
新建築(82.6)，近代建築(82.6)，JA(82.6)

●三真共同住宅改修
三真　東京・南馬込
木造　2階　220m²
1982.8　曽我勝光

●クロースタジオ　VTR編集室改装
アリキ　東京・越中島
鉄筋コンクリート造　5階　531m²
1982.11　杉本興業

1983————————————
●伊奈製陶　ハンギング展示
伊奈製陶　東京・京橋　150m²
1983.2　フジヤ　協同：岩淵活輝　若鍋忠志
「街のうろこ」(伊奈製陶)

●矢来町の家
金森一雄　東京・矢来町
鉄骨造　3階　96m²
1983.3　関東興産
近代建築(83.6)

●北総育成園居住棟増築及び食堂改装
社会福祉法人さざんか会北総育成会　千葉・笹川
鉄筋コンクリート造　平家　105m²
1983.5　池田建設

1984——————————
●駒ヶ根市文化公園施設群競技設計案
駒ヶ根市　長野・駒ヶ根
1984.2

●レジデンス美峰
岩下和子　埼玉・春日部
鉄骨造　4階　444m²
1984.9　杉本興業
建築文化（85.5）

●吉田邸
吉田好克　東京・白山
木造一部鉄筋コンクリートブロック造　2階
76m²
1984.9　山一建設

●小川町の家＊
森田文雄　埼玉・小川町
木造　2階　115m²
1984.12　代幸建設
住宅建築（85.5）

1985——————————
●足利の家＊
車塚己喜雄・愛子　栃木・足利
木造　2階　129m²
1985.2　敷島工業
住宅建築（85.5），ディテール（88.4）

●梅屋敷シャングリラ
山田勝利　東京・梅屋敷
鉄筋コンクリート造　5階　1,042m²
1985.3　上狭工務店

●デューク星空
荻原精一　東京・浅草
鉄骨造　10階　714m²
1985.4　杉本興業

●ニュー赤門ビル
光山禎一　東京・本郷
鉄筋コンクリート造　6階　地下一階　458m²
1985.6　江田工務店

1986——————————
●ブルーノ・タウト展会場展示構成
武蔵野美術大学　東京・朝日生命ギャラリー
1986.1
協力：武蔵野美術大学建築学科研究室・空間演出デザイン学科研究室

●Maxwell Station（Subway）
シンガポール市　シンガポール
1986.2　協同：パシフィック・コンサルタンツ・インターナショナル

●白河邸
白河　清　東京・本郷
鉄筋コンクリート造　5階　地下1階　662m²
1986.2　フワ建設

●済州カントリー倶楽部クラブハウス
済州カントリー倶楽部　韓国・済州道
鉄筋コンクリート造　2階　地下1階　1,508m²
1986.4　新興企業

●クロースタジオビデオ編集室増設
アリキ　東京・越中島
340m²
1986.4　熊谷組

●GCA大野ビル＊
大野はり　東京・秋葉原
鉄骨鉄筋コンクリート造　10階　971m²
1986.6　東海興業
新建築（86.11），ブルーフ（87.7），建築Map Tokyo（TOTO出版）
建築設計資料29，アーバンスモールビル商業編（建築資料研究社）

●伊豆ゴルフ倶楽部クラブハウス
伊豆ゴルフ開発　静岡・中伊豆
鉄筋コンクリート造　3階　4,181m²
1986.7　熊谷組
新建築（87.8），ディテール（88.10）

●さらしな乃里増改築
赤塚政美・赤塚昭二　東京・築地
鉄筋コンクリート造　4階　180m²
1986.9　フワ建設

●大原の家＊
法貴六郎　千葉・大原
木造　2階　108m²
1986.10　松倉工務店
建築文化（87.12），建築家がつくる家1（日本建築家協会）

●北浦邸
北浦光昭　東京・西片
木造一部鉄筋コンクリート造　2階　地下1階
249m²
1986.10　江田工務店

●湖畔の家＊
浅香須磨子　東京・東大和
鉄筋コンクリート造　3階　地下1階　241m²
1986.11　丸井建設
新建築住宅特集（89.3），ハウジング情報（87.7），リビングナウ（90.10）

1987——————————
●熱海リフレッシュセンター競技設計案
東京都設計事務所健康保険組合　静岡・熱海
佳作入選　代表-井上　信
1987.2
新建築（87.1），建築知識（87.2），日経アーキテクチュア（87.4-6）

●ガーデンハウス湘南＊
オフィス・リュウ　神奈川・辻堂
鉄筋コンクリート造　2階　2,469m²

1987.3　熊谷組
新建築住宅特集（87.7）
第29回建築業協会賞（BCS賞）受賞
かながわ国際居住年推進協議会賞受賞
昭和62年度神奈川県下建築コンクール住宅部門優秀賞受賞

●町田の家
三枝敏夫　東京・町田
木造一部鉄筋コンクリート造　2階　198m²
1987.5　日広建設
住宅建築（91.3）

●宮坂ビル6階内装
東京・浅草
61m²
1987.6　熊谷組

●ホテルモンベルテ
伊豆ゴルフ開発　静岡・中伊豆
鉄筋コンクリート造　3階　地下1階　3,113m²
1987.12　熊谷組

●Space Conception展
東京・銀座（東京セントラルアネックス）
1987.12
Space Conception（87.12）
武蔵野美術大学研究紀要No.18（1987）

●三枝ビル
三枝敏夫　神奈川・相模大野
鉄筋コンクリート造　4階　299m²
1987.12　日広建設
日経アーキテクチュア（88.5-2），建築知識（89.4）

1988——————————
●宮田ビル
宮田正信　東京・白山
鉄骨造　4階　181m²
1988.2　上狭工務店

●星田アーバンリビング・デザインコンペティション設計案＊
大阪府　大阪府・交野
1988.2
新建築住宅特集（88.3）
［2等入選］

●光梅ビル
平尾泰弘　神奈川・大倉山
鉄筋コンクリート造　4階　1,013m²
1988.3　上狭工務店

●林檎館
荒巻　孚　東京・祐天寺
鉄筋コンクリート造　3階　600m²
1988.11　長谷部建設

1989——————————
●横浜京浜ビル

京浜ビル開発　神奈川・横浜
鉄骨鉄筋コンクリート造　8階　地下1階
1,615m²
1989.5　熊谷組

●在日大韓基督教会つくば東京教会
宗教法人在日大韓基督教会東京教会　茨城・つくば
木造　2階　197m²
1989.6　増渕材木店
住宅建築（91.3）、TSUKUBA ARCHITECTURE DESIGN FILE（1998）

●三木ビル
三木政治　東京・上野
鉄骨鉄筋コンクリート造　9階　1,587m²
1989.8　上狭工務店

●御茶ノ水駅公開プロポーザル・デザイン・コンペティション設計案
東日本旅客鉄道　東京・御茶ノ水
1989.9

●本郷台の家
田中和子　神奈川・本郷台
木造　2階　126m²
1989.11　代幸建設
住宅建築（91.3）

1990————————————
●Cosumo-Land Deveropment
ジャカルタ市　インドネシア・ジャカルタ
467,000m²
1990.1
協同：パシフィック・コンサルタンツ・インターナショナル

●釧路湿原温泉ホテル計画
標茶町十愛三産業　北海道・標茶町
鉄筋コンクリート造　2階　地下1階　4,153m²
1990.2

●ファンタピア（三軒茶屋の家）*
ファンタピア商事　東京・三軒茶屋
鉄筋コンクリート造　5階　地下1階　1,733m²
1990.5　清水建設

●中目黒の家*
山本六雄　東京・中目黒
鉄筋コンクリート造　2階　地下1階　231m²
1990.12　渡辺富工務店
新建築住宅特集（95.8）

●都営地下鉄12号線環状部駅プロポーザル設計案
東京都地下鉄建設
1990.12
日経アーキテクチュア（91.10-28）
26駅のデザイン（東京都地下鉄建設）
［入選］

1991————————————
●鶴牧の集合住宅　多摩ニュータウン　ハイライズタウン鶴牧-6*
住宅都市整備公団・東京支社　東京・多摩
マスタープラン：協同：住宅都市整備公団 東京支社
実施設計：6・6号棟　鉄筋コンクリート造
　　　　　　　5階　2,769m²
　　　　　　8・9号棟　鉄筋コンクリート造
　　　　　　　2階　678m²
1991.3　アイサワ工業・今西組・コーナン建設JV
新建築住宅特集（92.9）

●サマルカンド　ウルグ・ベグ文化センター国際コンペティション設計案*
ソ連建築家協会　アガ・カーン文化財団　ウズベク建築家協会
ソ連・ウズベク共和国・サマルカンド
1991.5
協同：西松建設

●布善ビル*
赤塚政美・昭二　東京・築地
鉄骨鉄筋コンクリート造　9階　地下1階　772m²
1991.8　松井建設
めん（95.2）

●都営地下鉄12号線環状部　国立競技場前駅・代々木駅基本設計
東京都地下鉄建設　東京・新宿・渋谷
国立競技場駅　11,894m²　代々木駅　7,749m²
1991.12
26駅のデザイン（東京都地下鉄建設）

1992————————————
●鶴牧の集合住宅　多摩ニュータウン　ヒルサイドタウン鶴牧-6*
住宅都市整備公団・東京支社　東京・多摩
マスタープラン：協同：住宅都市整備公団・東京支社
実施設計：2号棟　鉄骨鉄筋コンクリート造
　　　　　　11階　地下1階　4,392m²
　　　　　　8号棟（集会場）　鉄筋コンクリート造一部鉄骨造　2階1,048m²
1992.3　鹿島建設・東亜建設工業・巴組JV
新建築住宅特集（92.9）

●須賀川市中心商店街拠点計画
まちづくり推進協議会　福島・須賀川
1992.3　協同：櫻井淳計画工房

●警視庁三鷹警察署　三鷹駅前派出所
警視庁　東京・三鷹
鉄骨造　2階　49.7m²
1992.6　東京架設

●警視庁三鷹警察署　万助橋駐在所
警視庁　東京・三鷹
鉄筋コンクリート造　2階　97.7m²
1992.6　丸信建設

1993————————————
●スタジオイニック
金子　隆　神奈川・藤沢
鉄筋コンクリート造　2階　789m²
1993.4　池田建設　高橋建設

1994————————————
●蓮生寺公園通り一番街*
住宅都市整備公団・東京支社　東京・八王子
マスタープラン：協同：住宅都市整備公団・東京支社
実施設計：3号棟（集会所を含む）鉄筋コンクリート造　地下1階　地上14階　18,164m²
1994.3　西松建設・大豊建設・古久根建設JV
新建築住宅特集（94.11）

●蓮生寺公園通り二番街*
住宅都市整備公団・東京支社　東京・八王子
マスタープラン：協同：住宅都市整備公団・東京支社
基本設計：1～5号棟（集会所を含む）鉄筋コンクリート造　4・5階　7,571m²
1994.3　東海興業
新建築住宅特集（94.11）

●須賀川市稲田地域体育館*
須賀川市　福島・須賀川
鉄筋コンクリート造及び木材＋鋼材によるハイブリット構造
平家　877.18m²
1994.3　渡辺建設

●警視庁麹町警察署乾門警備派出所
警視庁　東京・麹町
鉄骨造＋鉄筋コンクリート造　1階　29.9m²
1994.10　高梨工務店

●警視庁八王子警察署多摩御陵派出所
警視庁　東京・八王子
鉄骨造＋鉄筋コンクリート造　1階　75.1m²
1994.10　浅沼組

1995————————————
●蓮生寺公園通り三番街*
住宅都市整備公団・東京支社　東京・八王子
マスタープラン：協同：住宅都市整備公団・東京支社
実施設計：4号棟　鉄筋コンクリート造　8階
　　　　　　（一部4・5階）4,824m²
　　　　　　5号棟（集会場含む）　鉄筋コンクリート造　14階　5,705m²
1995.3　東洋・受注連建設・日東建設・小田急建設・東海興業・岩田建設JV
新建築住宅特集（94.11）

●警視庁下谷警察署鶯谷駅前交番
警視庁　東京・台東
鉄筋コンクリート造　2階　192m²

1995.8　小黒建設

●牛久北部E107・IBL配置建物基本計画
住宅都市整備公団・関東支社　茨城・牛久
鉄筋コンクリート造　4・5階　101戸　専用床面積　8,548m²
1995.11

1996
●警視庁原宿警察署神宮前交番（表参道の交番）*
警視庁　東京・渋谷
鉄筋コンクリート造一部鉄骨　2階　73m²
1996.4　砂原組
新建築（98.2）

●須賀川の町家*
吉田伸司　福島・須賀川
鉄筋コンクリート造一部木造　3階　556.66m²
1996.4.　篠澤建設工業
新建築住宅特集（97.11）

●多摩ニュータウン13住区西部検討設計
住宅都市整備公団・東京支社　東京・八王子
鉄筋コンクリート造　3〜14階
住宅密度102戸/ha　11.74ha
1996.6

●宮先町・上北町街路整備基本計画
宮先町　上北町商店街振興組合　福島・須賀川
2,564m²　協同：櫻井淳計画工房
1996.8

●スクエアー世田谷桜丘
住宅都市整備公団・東京支社　東京・世田谷
実施設計：東・西・北棟（集会場含む）　鉄筋コンクリート造　5・6階　8,120m²
　　　　　南棟　鉄筋コンクリート造　8階　3,714m²
1996.10　共立建設・ハンシンJV

●街路型町家のプロジェクト
福島県・須賀川
作品展「断面 1996」（東京デザインセンター GALLERIA）
1996.10

1997
●下館市シビックコア地区形成検討調査
公共建築協会　茨城・下館
1997.3

●地下鉄12号線環状部代々木駅A3出入口ビル基本設計
東京都地下鉄建設　東京・渋谷
鉄骨鉄筋コンクリート造
地上9階地下3階　8,400.57m²
1997.4　大林組

●警視庁月島警察署勝どき橋交番
警視庁　東京・中央
鉄筋コンクリート造一部鉄骨　2階　63.9m²
1997.5　相谷組

●須賀川市立小塩江中学校
須賀川市　福島・須賀川
鉄筋コンクリート造　3階　2,640.4m²
1997.6　三柏工業

●JR横須賀駅周辺地区東街区基本設計
住宅都市整備公団　神奈川・横須賀
基本設計：協同：南條設計室
6階〜14階　19,560m²
1997.12

1999
●須賀川市宮先町商店街　歩道等整備事業
宮先町商店街振興組合　福島・須賀川
596m²　横山建設
協同：櫻井淳計画工房
1999.7

2000
●都営地下鉄大江戸線　国立競技場駅
東京都地下鉄建設　東京・新宿
地下3階　12,453.31m²
2000.4　大林組・フジタ・松村・小田急・京王建設JV
駅デザインとパブリックアート（東京都地下鉄建設）
［グッドデザイン賞金賞　平成13年度］

●都営地下鉄大江戸線代々木駅
東京都地下鉄建設　東京・渋谷
地下3階　7,512.22m²
2000.4　大林組・フジタ・松村・小田急・京王建設JV

●島上寺*
宗教法人　島上寺　静岡・沼津
鉄筋コンクリート造及び木造
地上2階地下1階　898m²
2000.4　石井組

●仁井田中学校*
須賀川市　福島・須賀川
鉄筋コンクリート造及び鉄骨造　3階　4,890m²
2000.4　五洋・横山JV

2001
●二子玉川団地建替基本計画
住宅都市整備公団・東京支社　東京・世田谷
鉄筋コンクリート造　4階
2001.2

●多摩ニュータウン　グランピア南大沢
都市基盤整備公団・東京支社　東京・八王子
実施設計：高層棟　鉄筋コンクリート造　12階　3,947m²
　　　　　亜高層（2棟）鉄筋コンクリート造　8・10階　13,738m²
　　　　　中層棟（3棟）鉄筋コンクリート造　4・5階　8,566m²
2001.3　アイサワ工業・都中連・福田・若築建設・植木組・井上建設JV
新建築住宅特集（94.11）

●二子玉川団地建実施設計
都市基盤整備公団・東京支社　東京・世田谷
鉄筋コンクリート造　4階
5号棟　2834m²　6号棟　2075m²
2001.6　木内・中山建設JV

●多摩ニュータウン　グランピア南大沢　集会所等
都市基盤整備公団・東京支社　東京・八王子
実施設計：5棟　鉄筋コンクリート造一部鉄骨造　585m²
2001.7　アイサワ工業・都中連・福田・若築建設・植木組・井上建設JV

2002
●西袋中学校体育館*
須賀川市　福島・須賀川
鉄筋コンクリート造及び木造　1階　1270m²
2002.3　篠沢建設工業

●（仮称）吉祥寺北町コーポラティブハウス住戸設計
都市デザインシステム　東京・吉祥寺
協同　井上建築研究所、市川好子
鉄筋コンクリート造　地下1階　地上3階　35戸　3453m²
2003.3竣工予定　竹中工務店

●牟礼六丁目北地区集合住宅
都市基盤整備公団　東京・牟礼
鉄筋コンクリート造　7階　4773m²
2004.3竣工予定　関東・立見JV

●著書

『照壁』私家版　南洋堂書店販売1978年
『まもりのかたち』相模書房1982年
『空間の演出－窓』彰国社1983年
『境界のかたち』講談社1984年
『統合へむかう街と建築』彰国社1993年

●単行本に掲載された論説、作品等

『ドライブイン　レストラン』彰国社1966年
『現代日本の住宅』彰国社1966年
『現代教育百科事典－美術』暁教育図書1966年
『現代建築家シリーズ　マルセル・ブロイヤー』美術出版社1969年
『Decorative Art in Modern Interior 1971/72』Studio Vista Limited 1971
『Stadstrukturen fur morgen』Niggli,Verlag Gerd Hatje,Stuttgart 1971
『現代日本建築家全集　第14巻　現代作家集I』三一書房1972年
『現代日本建築家全集　第31巻』三一書房1974年
『木造のディテール』建築学会編　彰国社1980年
『日本の集合住宅』理工学社1981年
『ヨーロッパの壁・窓・扉』講談社1981年
『食べる空間・つくる空間』(共著)彰国社1986年
『ウインドトリートメント』(共著)トーソー出版1987年
『建築－私との出会いII』(共著)彰国社1988年
『アーバンスモールビル』建築資料研究社1988年
『都市のかたち』(環境デザインセミナー)武蔵野美術大学1990年
『武蔵野美術大学60年史』武蔵野美術大学1991年
『26駅のデザイン』東京都地下鉄建設1992年
『すかがわ建築賞作品集1990～1994』須賀川商工会議所1994年
『日本の窓』(共著)淡交社(ムック)1996年
『すかがわ建築賞作品集1995～1999』須賀川商工会議所2000年

●学術論文

生活行為の時空間堆積について『武蔵野美術大学紀要』1967年5号
住環境に於ける防禦と開放『共同研究』武蔵野美術大学建築学科　1976年
建築空間の類型学的演習－I『武蔵野美術大学紀要』1986年16号
建築空間の類型学的演習－II『武蔵野美術大学紀要』1987年17号
建築空間の類型学的演習－III『武蔵野美術大学紀要』1988年18号
都市街区の構成の研究　街並特性の国際的都市比較　共同研究者　立花直美・倉田直道『武蔵野美術大学紀要』1995年26号
『まちなみデザインとまちなみ景観に関する報告書』須賀川まちなみデザイン推進協議会　1995年3月
都市街区の構成の研究－その2　街並特性の国際的都市比較　共同研究者　立花直美・倉田直道・吉田慎吾『武蔵野美術大学紀要』1999年30号
まとまりのある農村集落の景観に関する研究　須賀川市仁井田地区をモデルとして　共同研究者　立花直美・相沢韶男・有賀保二・小島隆夫・桜井淳『武蔵野美術大学紀要』2001年32号

●論説等

乾式工法による外壁の処理(東京フライトキッチン)『建築文化』1961年1月号
カーテンウォール『材料と設計』1961年2月号
建築空間の風土への対応『建築』1963年2月号
新しき空間概念を求めて『建築文化』1964年5月号
もう一つの空間－設計方法序説(一～三)保坂陽一郎・太田邦夫・康柄基・沢田隆夫・佐々木雄二『建築文化』1964年5月号・12月号、1965年8月号
分析から綜合へ『国際建築』1964年11月号
武蔵野美大アトリエ校舎『近代建築』1964年11月号
設計の中での三つの問題(武蔵野美大アトリエ校舎)『新建築』1964年11月号
TOWARDS EXTERIOR DESIGN『建築文化』1964年12月号
分解されるアーキテクト『国際建築』1965年1月号
創造的都市『建築文化』1965年11月号
発見ということ『建築公論』1965年4月号
作品批評　藤木邸すまい手による創造『建築公論』1965年7月号
作品批評　日本住宅公団高根台団地『建築公論』1965年10月号
建築外装の将来『公共建築』1965年10月号
日本館の設計にあたって(EXPO'67)『新建築』1966年1月号
抄訳　レジャーの来歴　パウロ・ソレリ『国際建築』1966年2月号
作品「にわ」外部空間をつくること『公共建築』1967年5月号
文化の演出『建築文化』1967年7月号
モントリオール博の中でのいくつかのこと『建築』1967年8月号
EXPO67を支える人たち『新建築』1967年8月号
書評「建築に何が可能か」原広司著　出発への示唆『建築文化』1968年2月号
現代文明の流砂の中で『武蔵野美術』1968年66号
舞台のために新らしい脚本を『建築』1968年7月号
独立住居の設計という行為の中で『建築文化』1968年12月号
東西ディテール比較論『ディテール』1968年17号
特集　海外のディテール(共同執筆)岩淵活輝・竹山実・保坂陽一郎・山下和正・山田敦之『ディテール』1969年21号
集合住宅研究　集合住宅のヴォキャブラリー　保坂陽一郎・三上祐三・山下和正『都市住宅』1969年6月号
幻の共同体を超えて『武蔵野美術』1969年68号
海外ネットワーク　南ヨーロッパ　岩淵活輝・

保坂陽一郎『新建築』1969年11月号
製品に選択の可能性を『都市住宅』1969年12月号
The World Architectural Climate オーストラリア『新建築』1970年1月号
書評「人間であるために」ルネ・デュボス著 アルカディアに戻れない人のために『建築文化』1970年10月号
桐友学園設計メモ抄『建築』1971年8月号
アムステルダムシティホールに関するノート『建築』1971年8月号
箱根国際観光センター案『建築』1971年8月号
精神薄弱児施設桐友学園計画および設計 保坂陽一郎・范錚亮・永松賢一『新建築』1972年3月号
私の育った家『TAU』1972年12月号
建築と色彩に思うこと『建築知識』1973年6月号
書評「内なる神」ルネ・デュボス著『建築文化』1974年6月号
カラータイル「イナス」の開発について『カラープランニング』1974年12月号
ディテール―決定プロセスに於ける相互関係『ディテール』1975年秋季号
住環境に於ける防衛と開放『共同研究』1976年 75・76武蔵野美術大学建築学科
書評「建築の色彩設計」乾正雄著『色彩情報』1976年 第74号
アエデイクラ―小祠から『現代建築』1977年3・4月号
原点としての卒業設計『建築知識』1977年4月号
設計行為を出来るだけプリミティブなものに『建築家』1977年冬号
豊かな建築の風景へ『建築家』1978年冬号
私のプランニング・メソッド『建築知識』1979年8月号
いま大学で『建築雑誌』1981年4月号
重層四つ間取り『建築文化』1981年7月号
自立する部分とその統合『近代建築』1981年11月号
ゆあみのあゆみ『伊奈製陶』1981年
沐浴のかたち『ＧＡ』1982年4月号
浴場空間の移り変わり『住宅設備情報ガイド』1982年9月号
背景としての壁『建築知識』1982年12月号
壁を開く『白井晟一研究IV』1983年1月
墓群・開口部そして境界の構造『新建築』1983年3月号
ドキュメント 変化を読む『建築知識』1983年6月号
伝統を意識しない木造建築『ライフエナージ』1983年 秋号
棲み方の記『文学圏』1984年 第2号
四つの窓の話『Space Modulator』1984年64号
つながっている建築『近代建築』1984年4月号
家は消費されてはならない『タイルエッセイ』1984年10月号
武蔵野美術大学の設計計画教育『ディテール』1984年83号
仮住いの記『文学圏』1984年第3号
壁と窓『建築東京』1984年12月号
枠組のデザイン『伊奈だより』1984年
CRITICAL JUNCTION『建築文化』1985年4月号
窓とガラス 窓の基本的性格『セラミックス』1986年1月号
窓とガラス 窓のかたち『セラミックス』1986年2月号
窓とガラス 風土による窓のちがい『セラミックス』1986年3月号
窓とガラス 高窓の展開『セラミックス』1986年7月号
窓とガラス 出窓『セラミックス』1986年8月号
窓とガラス 開閉のメカニズム『セラミックス』1986年9月号
街と建築のデザイン コーナーハウス『建築界』1986年4月号
街と建築のデザイン 住居のアプローチ『建築界』1986年6月号
日本の住宅ファサード『ウインドウセンターニュース』1986年4月
近代以降の街と住宅の窓 ロンドン北部・ハイゲイトその周辺『GA』1986年1月号
伝統をつきぬけたアムステルダムの集合住宅『GA』1986年3月号
チェコスロバキヤの二つの街『GA』1986年5月号
ブタペストそしてショプロン『GA』1986年7月号
パリ16区とブリュッセルのアール・ヌーボー『GA』1986年9月号
ブルガリヤの再生された町『GA』1986年11月号
浴室―東西文化の融合へのみち『建築と社会』1987年1月号
内外の透過性『セラミックス』1987年1月号
中間領域をつくる『セラミックス』1987年2月号
スクリーンの効用『セラミックス』1987年3月号
やわらかさの演出『セラミックス』1987年4月号
円窓・半円窓『セラミックス』1987年6月号
小窓『セラミックス』1987年8月号
上方からの光(2)『セラミックス』1987年9月号
飾りとしての窓『セラミックス』1987年10月号
窓と部屋の明るさ(1)『セラミックス』1987年11月号
窓と部屋の明るさ(2)『セラミックス』1987年12月号
風景の限界『文学圏』1987年 第5号
インテリアとしての窓を考える『室礼先人今人』1987年
構造とデザイン 織本匠著『架構』武蔵野美術大学1987年
Urban Bufferの地平『季刊武蔵野美術』1989年76号
エディルネのキュリエに借りて『文学圏』1989年 第7号
日本人と沐浴『住まいと電化』1991年3月号
日本人とあかり『住まいと電化』1991年10月号
日常と非日常のはざま『GINZA POCKET PARK NEWS』1991年秋
建築の文法『言語』1993年8月号
血行をよくする細街路『住居』1994年2月号
特集多摩ニュータウン 蓮生寺公園通り一～三番街『新建築住宅特集』1994年11月号
これからの日本の都市景観形成のために『セメント・コンクリート』1995年No.579
都市内部の住居に於ける内外空間の関係『新建築住宅特集』1995年8月号
人と土地に根ざした道『道路』1996年9月号
建築様式と窓の歴史『建築技術』1997年2月号
まどの成り立ち 窓と間戸の話 石野博信共著『あかりの文化誌』1997年1号
窓の設計は良好な中間領域づくりから『日経BPムック』1998年5月
地域と建築家『すかがわ建築賞とまちづくり』『住宅建築』2001年1月号
特集「窓」『やまとから』8号 2001年7月

あとがき

　建築の設計がどれ程多くの人の力の結集の結果であるかということは、私だけの感想ではなかろう。まして建築をつくろうという発意から竣工迄を含めていくと、莫大な人々の知恵と努力がつぎこまれている。今回、私が自分のかかわった仕事を少し整理し、それにある方向性を与えることが出来るようになったのは、非常に多くの人々の指導や協力があったためであり、これを機会に心から御礼を申し上げたい。

　第一には私が10年近く勤務した芦原義信建築設計研究所の人々である。芦原さんとその所員達である。建築の設計の基本をこの環境の中で教えられた。空間の大きさ、形態、構成している素材等夫々のレベルに於いて、基本を教えられた。とくに高さ寸法について人間的尺度を強調していくと、夫々の空間にやさしさは生まれていくが、建築全体としてみると少し力が足りないような気がしたのは、私が若いせいだったであろう。そのような不満を設計のエスキースというかたちで時折ぶつけたことがあったが、芦原さんの信念が変わるはずはなかった。又ある場所に適しい素材とはそこに生活する人々にとってやさしくなければならないという姿勢は、芦原さんの師マルセル・ブロイヤーの影響だったであろう。部分から建築を考えていくことにいつも芦原さんはこだわっていて、だから群となった時のことを考えていくことが大切だと語りつづけているのであろう。

　私が大学にかかわり出してから、あっという間に時の過ぎた感じがするが、もう30年経ってしまった。その間一体何をしていたのだろうと回想してみてもはじまらないが、大学は常に私にとって学ぶ場所であった。少しでも自分が勉強しなければ大学に顔を出せないのは当たり前である。同時に学生との日常的な交流の中でそれが生な形で反応して来るのである。学生の作品に少しでも良い結果が生まれれば、自分も僅かにそれに貢献したことになる。それには短期的なものと長期的なものがあるが、それが確かめられて来た歴史が大学とのかかわりであったかと思っている。

　第三には共に仕事をして来た保坂建築研究所の人達と、仕事の機会を与えていただいたクライアントの人々である。設計の仕事は当然クライアントと共に始まる。それが個人的な住居であろうと、大規模な集合住宅であろうと同じである。クライアントはその建築計画に対して欲求をもってはじめる。その欲求に建築的にどう答えるのかが設計である。これは極めて単純なことであるが、その機構が必ずしもうまく働かない。クライアントとの最良の関係は夫々の立場のちがいがあっても相互の理解に時間をかけて建築を完成させることであろう。建築に関する賞の中でも、建築主、設計者、施工者の三者を共に表彰するものがあるが、それはこの考えのあらわれであろう。

　施工者についても同様のことが言える。施工者に対しては、設計の内容を理解した上で共感をもって対応してくれた時が、もっとも良い協同体制が得られるという当り前のことが挙げられる。従って無理な施工を強いるような設計であってならないということになる。今迄経験したことのない工法でやろうとする時が最も注意しなければならない時で、二重三重のガードを張っておく必要がある。芦原さんの事務所の時代から、設計者の各分野の協力体制が明確に意識されていたので、私もその考えを可能な限りおしすすめたいと考えていた。構造、設備は勿論のこと、建築計画、造園、音響、照明、家具、更には彫刻に至る迄、極めて多くの人々の協力をいただき、協同をさせてもらった。これも又当然のことであるが、時間をかけて相互理解をしていかなければならない時もあれば、ふうっと一致してはじまる場合もある。相互に遠慮があるのは悪い場合であり、まして一方的であってはならない。一つのチームだと思って時間をかけてつくり上げていくのが最良の道であろう。事務所で一緒に仕事をしていた人達の多くはその後何等かのかたちで設計活動をしている。その人達がつくりあげる建築の中にはどこかに私が負うべき責務がある。その流れは良くも悪くも伝承であり、大学とはちがうかたちだが、大切にしていくべきものである。いずれにせよ、これ迄の作品を生み出して来れたのはこのような人々による力の結果であり、そのことに深く感謝したい。

　この本の出版にあたっては建築思潮研究所の立松久昌さんにすっかりお世話になりました。又編集については同研究所の福島勲さんを中心に小泉淳子さんともどもまとめていただきました。更にレイアウトなどには平井公子さんにたずさわっていただき、図版制作には古川泰悟さんの助力をいただきました。又、作品を生み出した背後の労を妻登志子に謝したい。

　この本の出版は平成14年度武蔵野美術大学出版助成を受けて出版したものです。ここに感謝の意を表します。

●著者／保坂陽一郎

経歴
1934年　山梨県に生まれる
1957年　東京大学工学部建築学科卒業
1957〜67年　芦原義信建築設計研究所
1967年　武蔵野美術大学専任講師
1969年　武蔵野美術大学助教授
1970年　保坂陽一郎建築研究所設立、現在に至る
1976年　武蔵野美術大学教授、現在に至る

受賞
1964年　浪速芸術大学（現大阪芸術大学）競技設計2等
1987年　熱海リフレッシュセンター競技設計佳作入選
1987年　第29回BCS賞、かながわ国際居住年推進協議会賞、神奈川県下建築コンクール住宅部門優秀賞「ガーデンハウス湘南」
1988年　星田アーバンリビング・デザインコンペティション2等
2001年　グッドデザイン賞金賞「大江戸線国立競技場駅」

●保坂陽一郎建築研究所所員、元所員

山本幸正
堤　博志
神林　航

吉村　実
藤田嘉郎
中里博明
永松賢一
上條隆志
植松佳光
袴田貢司
関　和美
増田郁子
八重樫清子
井上　信
筒井桂子
前田忠厚
高橋禎子
市川好子
青山恭之
江崎京司
小須田久子
永井　透
小髙　岳
福長克彦

●協力

都市計画　櫻井淳計画工房

建築計画　立花直美
　　　　　范　錚享
　　　　　南條設計室
構造設計　村上建築構造研究所
　　　　　織本構造設計研究所
　　　　　佐々木建築構造研究所
　　　　　ゴウ構造　浦山利幸
　　　　　T.T.S
　　　　　大橋好光
　　　　　T.I.S　今川憲英
　　　　　増田建築構造設計事務所
設備設計　建築設備設計研究所
　　　　　河原設備設計研究所
　　　　　五大設計研究所
　　　　　大瀧設備事務所
　　　　　科学応用冷暖研究所
　　　　　三和設備設計事務所
造園設計　中島　健
　　　　　鈴木昌道
　　　　　金子文治
　　　　　鈴木　崇
　　　　　ベル環境計画事務所
積算　積算企業体
　　　　新世建設コンサルタント
　　　　間脇建築事務所
　　　　路建築積算事務所
　　　　あすなろ建築事務所
　　　　藤原積算事務所
音響設計　唐沢誠建築音響設計事務所
　　　　　環境工学研究所
　　　　　渡辺建築設計事務所
インテリアデザイン　荒井雄一デザイン事務所
照明計画　L.P.A　面手　薫
家具　坂本和正
グラフィックデザイン　多田　拓
彫刻　保田春彦
陶芸　伯耆田幸男
パース　ハヤシ・スタジオ
　　　　白井秀夫
模型　シード
建築経済　斉藤温文　マーケティングシステム
編集デザイン　シーガル　大枝隆司郎
デザイン　長内研二デザイン室
税理士　塚田昭税理士事務所

有泉設計事務所
建築計画工房　アトリエ・ゼロ
竹沢設計事務所
ドゥ・プラン
吉田浩人
堀尾孝子
田中宏典
東坂有吾
西尾　恵
イナス会
武蔵野美術大学建築学科研究室
武蔵野美術大学空間演出デザイン学科研究室

建築の構成——保坂陽一郎作品録

発行日————2003年4月20日
定価————本体2,800円＋税

●

編集————立松久昌　福島勲　小泉淳子
編集室————(有)建築思潮研究所　代表／津端宏
　　　　　〒130-0026　東京都墨田区両国4-32-16両国プラザ1002号
　　　　　電話　03-3632-3236　FAX　03-3635-0045

●

発行者————馬場瑛八郎
発行所————(株)建築資料研究社
　　　　　〒171-0014　東京都豊島区池袋2-72-1　日建学院2号館
　　　　　電話　03-3986-3239　FAX　03-3987-3256

●

印刷・製本—(株)廣済堂

ISBN4-87460-787-X